나랑만 친구해!

나랑만 친구해!

초판 1쇄 발행 2014년 10월 20일
초판 6쇄 발행 2023년 12월 10일

지은이 한현주
펴낸이 이지은 **펴낸곳** 팜파스
기획편집 박선희
디자인 조성미 **마케팅** 김서희, 김민경

출판등록 2002년 12월 30일 제 10-2536호
주소 서울특별시 마포구 어울마당로5길 18 팜파스빌딩 2층
대표전화 02-335-3681 **팩스** 02-335-3743
홈페이지 www.pampasbook.com | blog.naver.com/pampasbook
이메일 pampas@pampasbook.com

값 10,000원
ISBN 978-89-98537-67-8 (73810)

ⓒ 2014, 한현주

· 이 책의 일부 내용을 인용하거나 발췌하려면 반드시 저작권자의 동의를 얻어야 합니다.
· 잘못된 책은 바꿔 드립니다.

이 도서의 국립중앙도서관 출판시도서목록(CIP)은 서지정보유통지원시스템 홈페이지(http://seoji.nl.go.kr)와 국가자료공동목록시스템(http://www.nl.go.kr/kolisnet)에서 이용하실 수 있습니다.(CIP제어번호: CIP2014027008)

어린이 친구들에게

　어릴 적 특별하게 지내던 단짝 친구가 있었습니다.
　키가 비슷했던 저와 그 아이는 같은 반이 된 걸 계기로 친구가 되었지요. 그때는 이메일도, 휴대전화도 없던 시절이어서 우리는 날마다 편지지에 글을 적어서 주고받았답니다. 매일 학교에서 얼굴을 보는데도 하고 싶은 얘기가 많았거든요.
　그렇게 단짝이 생기고 나니 전 지루하기 짝이 없던 학교생활이 조금씩 재미있어졌어요. 속상한 일도 단짝의 따뜻한 위로 덕분에 금방 털어 낼 수 있었고, 반에서 꼭 붙어 다닐 친구가 있다는 게 참 행복했지요.

하지만 단짝과의 사이는 제 마음대로 흘러가지 않았어요. 어느 날부터 제 단짝이 또 다른 아이와 얘기를 하면서 점점 친해졌거든요. 처음에는 '뭐 같은 반 애니까 말 몇 마디 주고받는 거겠지.' 했는데, 나중에는 점점 조바심이 나서 견딜 수 없지 뭐예요?

둘이 얘기하며 어울리는 모습을 보며 가슴이 철렁 내려앉은 적이 한두 번이 아니었답니다. '이러다 내 단짝이 나랑 멀어지면 어쩌나?' 하는 생각이 머릿속에 가득했지요. 그러다 보니 학교에서도, 집에서도 하루 종일 기분이 엉망이었어요. 아침마다 학교에 가는 발걸음이 그렇게 무거울 수 없었고요. 특히 그때에는 하루 중 대부분의 시간을 학교에서 보내다 보니, 단짝이 다른 아이와 어울리는 걸 보는 게 더욱 괴로웠던 것 같아요.

그래서 어떻게 됐느냐고요? 새로운 친구를 사귀는 것 때문에 저와 단짝은 한바탕 다투고 서먹서먹한 사이가 되고 말았답니다. 다행히 제 생각이 잘못됐다는 걸 깨닫고 제가 단짝의 친구를 받아들였지만, 그렇게 되기까지 꽤 오랜 시간이 걸렸어요. 단짝에 대한 배신감 때문에 눈물 콧물을 쏟으며 울기도 많이 울었지요.

아마 이 책을 보는 여러분 중에서도 저와 같은 일로 고민하는 친구들이 많을 거예요. 단짝이 나랑만 친하면 좋겠는데, 또 다른 친구와 가까워져 속상한 친구들이 말이지요.

그럼 내 단짝이 나 말고 다른 친구와 어울릴 때, 그래서 질투심에 활활 불타오를 때 어떻게 해야 할까요? 혹시 둘 사이를 갈라놓고 싶은 마음이 마구 샘솟지는 않나요?

음. 만약 그렇다면 지금부터 책장을 넘기고 동화 속 친구들을 만나 보세요. 유나, 지원이, 하은이의 이야기에 여러분에게 꼭 해 주고 싶은 말을 담아 놓았거든요.

이야기의 주인공이 되어 곰곰이 생각해 본다면, 여러분도 뭔가 깨닫게 될 거예요. 그러면 앞으로 여러분이 어떻게 해야 좋을지 알게 되고, 자연스레 지금 하고 있는 고민도 풀릴 거랍니다.

자, 그럼 이제 이야기 속 친구들을 만나러 가 볼까요?

한현주

어린이 친구들에게 •4

 우리는 단짝 친구! •10

그러지 말고 나랑 같이 하자! •20

궁금해! 궁금해! •30

세상에서 제일 맛없는 사탕 •36

 단짝의 새 친구, 너무 신경 쓰여! •44

 이럴 수가! 지원이가 달라졌어! ●53

질투가 불러온 거짓말 ●61

속마음을 들켜 버렸어! ●71

 엄마에게도 단짝이 있었다고? ●80

 종이봉투에 담은 마음 ●90

다른 친구와 노는 단짝 때문에 속상하다면? ●100

우리는 단짝 친구!

"이걸 어쩌지?"

유나는 점심 식판을 들여다보며 빵빵해진 배를 쓰다듬었다. 하도 배가 불러서 바지 단추가 금방이라도 '툭' 떨어져 나갈 것 같았다.

'조금만 달라고 할 걸.'

유나는 음식을 많이 받아 온 걸 후회했다. 잠시 숟가락을 내려놓고 숨을 고르는데, 약 올리기 선수 미란이가 얄밉게 말했다.

"어머! 잔반 되게 많이 남았다. 너 그러다 선생님께 혼나는 거 아니야?"

"다 먹을 거거든! 걱정하지 마셔!"

유나는 미란이에게 톡 쏘아붙이고 다시 숟가락을 집어 들었다. 하지만 남은 음식을 보니, 한숨이 절로 나왔다.

유나네 반 담임 선생님은 학교에서 '호랑이'로 통했다. 선생님은 복도에서 뛰어다니거나 수업시간에 한눈을 팔거나, 잔반을 남기는 일도 봐주지 않으셨다. 유나는 담임 선생님의 무서운 얼굴을 떠올리며 밥을 싹싹 긁어모았다.

'밥은 크게 세 숟갈만 먹으면 되겠는데, 이 산더미 같은 콩나물이 문제네.'

유나가 인상을 구기자, 곁에 있던 지원이가 걱정스러운 표정으로 물었다.

"왜 그래? 어디 아파?"

"아침밥도 많이 먹고 와서, 지금 배가 터질 것 같아."

"그래?"

지원이는 유나의 식판을 들여다봤다. 이렇게 음식을 많이 남겼다가는 호랑이 선생님께 꾸지람을 들을 게 뻔했다. 지원이는 젓가락을 들더니 유나에게 말했다.

"콩나물은 내가 먹어 줄게. 나머지는 먹을 수 있지?"

"뭐? 너도 콩나물을 싫어하잖아?"

유나는 놀란 눈으로 지원이를 쳐다봤다.

"아무리 콩나물이 싫어도 네가 혼나는 것보단 덜 싫어. 게다가 너 어제도 지각해서 선생님께 야단맞았잖아."

지원이는 콩나물 무침을 집더니 한입에 욱여넣었다. 그리고는 와작와작 씹으며 눈까지 찡긋해 보였다. 유나도 그런 지원이가 고마워서 얼른 남은 음식을 먹기 시작했다.

"와! 단짝이 좋긴 좋네. 싫어하는 콩나물도 먹어 주고. 대단한 우정이다."

옆에서 지켜보던 석태의 말에 유나는 한껏 뻐기는 표정으로 말했다.

"당연하지. 우리 우정이 대단한 거 여태 몰랐냐?"

"모르긴! 냄새나는 화장실까지 손잡고 다닐 때부터 알아봤다. 안 그러냐. 똥훈아?"

석태가 옆에 앉은 동훈이를 보며 말했다. 하지만 동훈이는 밥을 먹는 데 정신이 팔려 대꾸도 없었다. 석태는 눈을 돌려 자신의 식판을 쳐다봤다.

"아, 나도 콩나물 먹기 싫은데…….."

석태는 별안간 동훈이의 옆구리를 쿡 찌르더니, 낯간지러운 목소리로 말했다.

"친구야~!"

"어우, 닭살 돋게 왜 이래? 맨날 똥훈이라고 부르더니. 뭐 잘못 먹었냐?"

동훈이의 핀잔에도 석태는 계속 살살거리며 말했다.

"똥훈이라고 부른 거야 우리가 친하니까 그렇지. 근데 너 콩나물 무침 안 좋아하냐? 좋아하면 내 것 먹을래?"

"난 콩나물 무침 싫어하거든? 내가 좋아하는 건 이거야."

동훈이는 말을 끝내기 무섭게 석태 식판에 하나 남아 있던 햄을 집어, 홀랑 먹어 버렸다. 석태는 버럭 소리 질렀다.

"아, 짜식! 내가 마지막으로 먹으려고 아껴 둔 건데!"

둘의 소동에 유나와 지원이는 배를 잡고 깔깔 웃었다.

석태 말처럼 유나와 지원이는 단짝이다. 급식을 먹을 때도, 화장실을 갈 때도, 집에 갈 때도 늘 붙어 다닌다. 유나와 지원이가 세상없는 친구가 된 건, 작년에 짝꿍이 되면서부터였다. 두 사람은 단 몇 마디를 주고받았을 뿐인데도 서로 잘 통하는 걸 알았다. 그때부터 급속도로 친해져 알아주는 단짝이 되었다. 유나는 단짝이 생기면서 학교생활이 더 즐거워졌다. 언제 어디서든 지원이가 든든한 편이 돼 주었으니까. 이제 지원이 없는 학교생활은 상상도 하기 싫었다.

수업이 끝난 뒤, 유나와 지원이는 나란히 교문을 나섰다.
"아까 점심 때 고마웠어."
유나가 기분이 좋은지 지원이의 손을 잡고 앞뒤로 흔들며 말했다.
"고맙긴. 그 정도 가지고 뭘."
"아무튼 올해도 너랑 같은 반이 돼서 얼마나 다행인지 몰라. 다른 반이 될까 봐 걱정 많이 했는데. 그러면 우리 맨날 같이 못 있잖아."
지원이도 고개를 끄덕이며 유나와 함께 손을 앞뒤로 흔들었다. 유나는 갑자기 걸음을 멈추더니 궁금해하는 표정으로 물었다.
"근데 넌 나랑 다른 반이 될까 봐 걱정한 적 없어?"
"당연히 걱정한 적이 있지! 그래서 우리가 같은 반이 됐을 때 얼마나 기뻤는데!"

그 말에 유나는 활짝 웃으며 잡은 손을 앞뒤로 더욱 신 나게 흔들어 댔다. 백 점을 맞은 시험지라도 받아든 것처럼 얼굴에 기쁨이 가득했다.

"그러고 보면 우리는 참 신기한 점이 많지 않니?"

"신기한 점이 많다고?"

지원이의 물음에 유나는 고개를 끄덕였다.

"응. 뭐든 똑같잖아. 가장 좋아하는 음식은 피자, 가장 싫어하는 음식은 콩나물인 것도 같고."

"그리고?"

"둘 다 9월 달에 태어났잖아?"

"또?"

"또?"

유나는 한참 동안 생각하더니 손뼉을 치며 말했다.

"작년에는 3반, 올해는 1반. 2년이나 같은 반인 거!"

"하하. 듣고 보니 진짜 신기하다."

"그치, 그치? 그러니까 앞으로도 오랫동안 지금처럼 꼭 붙어 다니자! 할머니가 될 때까지!"

"응? 할머니가 될 때까지 붙어 다니자고?"

"왜? 넌 싫어?"

유나가 눈을 가늘게 뜨며 묻자, 지원이는 풋 하고 웃으며 고개를 저었다.

"아니. 싫은 게 아니라 우리가 할머니가 된 모습을 상상하니 기분이 좀 이상해서."

"헤헤, 난 또 싫다는 줄 알고 깜짝 놀랐네. 참! 우리 문방구 들렀다 가자."

"문방구에?"

"잊었어? 우리 교환일기를 쓰는 공책이 몇 장 안 남았잖아."

"아! 맞다. 공책 사러 가자!"

둘은 단골 문방구로 발걸음을 옮겼다. 문방구 안으로 들어서자, 주인아줌마가 반갑게 맞았다.

"너희 왔구나. 둘이 껌 딱지처럼 붙어 다니는 건 여전하네?"

아줌마의 말에 유나는 씩 웃었다. 지원이와 늘 붙어 다닌다는 말이 왠지 듣기 좋았다. 유나는 지원이와 교환일기장으로 쓸 공책을 골랐다. 그러고는 계산대로 향하는데, 주르륵 진열된 반지가 눈에 띄었다.

"와! 예쁘다."

유나는 반지를 집어 손가락에 껴 보았다. 반짝반짝 빛나는 게 마음에 쏙 들었다. 유나는 똑같은 반지를 지원이에게 건넸다.

"지원아, 너도 껴 봐!"

아줌마는 반지를 낀 두 아이의 작은 손을 보며 말했다.

"아이고! 예쁘기도 하네. 똑같은 거 사서 우정 반지로 끼면 되겠구먼."

"우정 반지요?"

유나가 되묻자 아줌마는 고개를 끄덕였다.

"그래. 요즘 커플 말고 친구들끼리도 많이 하더라. '너랑 나랑은 특별한 친구다' 뭐, 그런 표시로."

유나는 '특별한 친구'라는 말에 귀가 솔깃했다.

"지원아! 우리 우정 반지 하자!"

"나도 사고 싶은데, 용돈이 얼마 안 남아서……."

"공책은 내가 살게. 그래도 부족하면 내가 반지 살 돈도 보태 줄게. 응? 나 너랑 우정 반지를 꼭 하고 싶단 말이야."

유나가 조르자 지원이는 잠시 고민하다 결심한 듯 말했다.

"그래, 알았어. 사자. 다음번 용돈을 받을 때까지 허리띠 좀 졸라매지, 뭐."

"좋았어! 우리 어떤 반지로 할래?"

유나와 지원이는 눈을 크게 뜨고, 여러 모양과 빛깔의 반지를 살폈다. 그러다 둘이 동시에 손을 뻗었는데!

"세상에! 누가 친구 아니랄까 봐, 반지도 똑같은 걸 고르네!"

둘이 동시에 같은 반지를 잡자 아줌마는 웃으며 말했다. 유나는 한껏 기분이 좋아져서 아줌마의 말에 대꾸했다.

"하하하! 저희도 깜짝 놀랄 때가 많아요. 신기할 정도로 잘 통해서."

둘은 문방구에서 산 반지를 하나씩 나눠 끼고 밖으로 나왔다.

"와! 밖에서 보니까 더 반짝거린다."

지원이가 손을 뻗어 환한 햇살에 반지를 비춰 보았다. 유나도 그 옆으로 손을 뻗었다. 나란히 빛나는 반지를 보며, 유나는 생각했다.

'지원아. 너랑 나랑은 특별한 친구야! 아무도 우리 우정을 갈라놓을 수 없어!'

그러지 말고 나랑 같이 하자!

"엄마, 오늘 누구 만나러 가?"

유나는 바쁘게 화장을 하는 엄마에게 물었다. 오늘은 지원이가 놀러 오기로 한 날이기도 했지만, 유나 엄마가 모처럼 외출하는 날이기도 했다.

"응. 친구."

엄마의 짤막한 대답에 유나는 고개를 갸웃했다.

"친구? 친구 누구?"

"어렸을 적 친구. 경주랑 세진이."

유나는 눈을 굴리며 다시 생각에 잠겼다. 경주 아줌마는 일 년에 몇 번씩 농사지은 감자나 가지, 호박 등을 택배로 보내 주니 알겠고. 세진이 아줌마는 기억이 날 듯 말 듯 헷갈렸다.

유나가 엄마 친구들을 기억하지 못하는 데는 이유가 있다. 유나 엄마는 유난히 친구가 많았기 때문이다. 어릴 적 학교 친구, 같은 회사에 다녔던 친구, 비즈 공예를 배우면서 만난 친구 등등. 거기다 단골 가게 주인과 아래층에 사는 아줌마와도 나이가 같다며 친구로 지냈다. 유나는 그런 엄마가 마냥 신기했다.

"오늘은 셋이서 만나는 거야?"

"어. 경주가 귀농한다고 지방으로 내려가면서 몇 년 동안 못 봤잖니. 이번에 동생 결혼식 때문에 올라온다고 해서 겸사겸사 세진이랑 보려고."

"경주 아줌마랑 세진이 아줌마랑은 서로 아는 사이야?"

"응. 우리 셋이 다 아는 사이야."

"그렇구나."

유나는 엄마가 깎아 놓은 사과를 우적우적 깨물어 먹었다. 엄마는 거울을 보며 마지막으로 매무새를 다듬었다.

"간식을 준비해 놨으니까 지원이 오면 챙겨 먹어. 문단속도 잘하고."

"알았어."

유나에게 당부를 마친 엄마는 아파트 현관문을 나섰다. 엄마가 가고 유나는 문을 잠근 뒤 소파에 털썩 앉았다.

"엄마는 왜 그렇게 친구가 많지? 난 지원이만 있으면 되지, 다른 친구들은 하나도 필요 없던데."

유나가 손가락에 낀 우정 반지를 들여다보며 중얼거릴 때였다.

"띵동! 띵동!" 초인종이 울렸다.

"누구세요?"

"나야, 지원이."

유나는 지원이의 목소리에 후다닥 뛰어가 현관문을 열었다. 그런데 안으로 들어서는 지원이의 모습이 평소와 달랐다. 머리에는 보호 헬멧을 쓰고, 팔꿈치와 무릎에 보호대를 했다. 얼굴은 구운 새우처럼 빨간 데다 땀까지 줄줄 흘리고 있었다. 지원이는 손으로 부채질을 하며 말했다.

"어휴, 목말라. 나 물 한 잔만 줄래?"

지원이는 유나가 내미는 물을 쉬지도 않고 꿀꺽꿀꺽 마셨다.

"이제야 좀 살겠다."

지원이가 물 잔을 내려놓자 유나는 의아한 얼굴로 물었다.

"약속 시간도 안 됐는데. 땀나게 여기까지 뛰어왔어? 머리랑 팔다리에 그게 다 뭐야?"

"응. 뭐 좀 하면서 오느라고!"

지원이는 헬멧을 벗고, 휴지를 돌돌 말아 땀을 닦았다. 유나는 호기심이 가득한 눈초리로 물었다.

"뭘 하면서 왔는데?"

그러자 지원이는 장난스러운 목소리로 말했다.

"음……. 비밀!"

"말도 안 돼! 우리 사이에 비밀이 어디 있어!"

유나는 지원이의 말에 얼굴이 빨개져 소리쳤다. 지원이는 그런 유나를 보고 오히려 배시시 웃으며 입을 열었다.

"으하하. 놀라지 마! 이거 봐. 나 인라인스케이트 타고 왔어."

지원이는 가방을 열어 인라인스케이트를 보여 주었다. 유나는 놀라서 눈이 커다래졌다. 그러다 금세 눈꼬리가 치켜 올라가더니 표정이 샐쭉해졌다.

"너. 나한테 어떻게 이럴 수 있어? 진짜 섭섭해!"

"왜?"

"그동안 인라인스케이트를 탄다는 말은 한 번도 안 했잖아. 교환일기에도 그런 얘기를 쓴 적이 없고. 너한테 내가 모르는 게 있다니, 말이 돼?"

"에이. 타기 시작한 지 얼마 안 됐어. 그리고 오늘 학교에서 말하려다가, 이렇게 너를 깜짝 놀래 주려고 꾹 참은 거야."

"정말이야?"

"그렇다니까." 유나는 그제야 서운한 표정을 풀었다.

"근데 갑자기 웬 인라인스케이트야?"

"실은 예전부터 관심이 있었어. 우리 엄마는 피아노나 발레를 배우라는데. 난 인라인스케이트가 좋은 걸 어떡해. 얼마 전에야 겨우 허락을 받았지."

"타 보니까 재미있어?"

"진짜 재미있어. 밖에서 이렇게 타면 가슴이 뻥 뚫리는 게 기분이 끝내 준다니깐!"

지원이는 신 난 표정으로 인라인스케이트를 타는 흉내를 냈다.

"그렇게 좋아?"

"응. 바람을 가르면서 씽씽 달리면, 스트레스가 싹 달아나."

유나는 그런 지원이를 보며 가만히 고개를 끄덕였다. 지원이는 눈을 반짝이더니 유나 옆에 자리를 잡고 앉았다.

"넌 인라인스케이트에 관심 없어? 나랑 같이 해 볼래?"

"같이 하자고?"

"어. 원래 이런 건 같이 타면 훨씬 즐겁잖아. 사실 타면서 네 생각도 많이 했거든. 너도 나랑 같이 인라인스케이트 타자. 응?"

유나는 아무 대답도 하지 않았다. 실은 인라인스케이트를 타고 싶은 생각이 눈곱만큼도 없었다. 유나는 운동에 영 소질이 없는 데다 땀을 흘리는 것도 싫고, 다칠까 봐 겁도 났기 때문이다.

"글쎄. 난 중심을 잡기도 힘들 것 같은데? 괜히 타다가 넘어지면 어떡해."

"이런 건 원래 넘어지면서 배우는 거야. 그리고 보호대를 하니까 너무 걱정하지 않아도 돼."

"그래도."

"에이, 그러지 말고 나랑 같이 하자."

"나 예전에 아빠한테 자전거를 배우다가 엄청 크게 넘어진 적이 있단 말이야. 무릎도 다 까지고."

유나는 그때 생각이 떠올랐는지 머리를 절레절레 흔들었다.

"미안해. 난 안 할래."

유나는 무를 싹둑 자르듯 지원이의 제안을 단칼에 거절했다. 유나와 함께하길 기대한 지원이는 몹시 아쉬웠지만, 이내 웃어넘겼다.

"괜찮아. 싫으면 할 수 없지, 뭐."

유나는 지원이의 아쉬운 반응에 상관없이 냉장고에서 사과를 꺼내 왔다. 지원이는 유나가 내미는 사과를 베어 물더니 다른 애 깃거리를 꺼냈다.

"저번에 새로 산 교환일기장은 잘 꾸몄어? 표지가 심심해서 꾸며야겠다고 하더니."

"응, 그거? 어떻게 바뀌었는지 볼래?"

유나는 일기장을 들고 와 지원이에게 내밀었다. 지원이는 교환일기장을 보더니 감탄을 늘어놨다.

"와! 이렇게 꾸미니까 확 달라졌다. 역시 넌 그림에 아주 소질이 있어."

"하하. 내가 봐도 이번엔 잘 꾸민 것 같아. 안에 일기도 써 놨으니까 집에 가서 꼭 봐."

"알았어. 읽고 답장을 써서 줄게."

지원이는 교환일기를 가방 속 한편에 조심히 집어넣었다.

그리고 며칠 뒤, 초저녁 무렵이었다.

"유나야, 심부름 좀 다녀올래?"

엄마가 유나에게 문방구에서 선물 상자를 사다 달라고 부탁했다. 친구인 경주 아줌마에게 비즈 공예로 만든 목걸이와 머리끈을 선물할 때 쓰기 위해서다. 유나는 흔쾌히 심부름 길에 나섰다.

"내가 예쁜 걸로 골라 올게."

유나는 엄마에게 돈을 받아 쥐고는 문방구로 향했다. 문방구의 주인아줌마가 유나를 보고 알은체했다.

"웬일로 혼자 왔네? 만날 붙어 다니는 짝꿍은 어디다 두고?"

"오늘은 엄마 심부름을 왔어요."

유나는 분홍 빛깔의 자그마한 상자를 고른 뒤 값을 치렀다. 문방구에서 나와 놀이터를 지날 무렵 유나의 눈에 낯익은 얼굴이 들어왔다. 바로 신 나게 인라인 스케이트를 타고 있는 지원이었다. 한눈에 보기에도 지원이가 얼마나 즐거워하는지 알 수 있었다.

'인라인스케이트가 저렇게 재미있나? 내가 쳐다보는 줄도 모르고 아주 푹 빠졌네.'

유나는 손을 들고 지원이를 부르려고 했다. 막 입을 떼려는 순간! 예상치 못한 광경이 눈앞에 펼쳐졌다.

궁금해! 궁금해!

'쟤는 누구지?'

한 여자아이가 인라인스케이트를 타며 지원이 뒤를 따르고 있었다. 지원이는 잠깐 멈춰 서더니, 뒤에 오던 아이와 함께 의자로 가서 앉았다.

'어! 쟤는!'

유나의 눈이 커졌다. 그 아이는 같은 반 친구 하은이였다.

'지원이가 왜 쟤랑 같이 인라인스케이트를 타지?'

유나는 지원이를 큰 소리로 부르려 했다. 그런데 때마침 지원이가 먼저 유나를 발견하고 달려왔다.

"유나야! 이 시간에 웬일이야?"

"엄마 심부름 왔어. 넌 인라인스케이트를 타러 나온 거야?"

"응. 저녁이라 바람도 시원하고 해서."

"근데 쟤 송하은 아니니?"

유나는 하은이가 앉아 있는 의자를 턱짓으로 가리키며 물었다.

"어, 맞아. 알고 보니까 하은이도 우리 동네에 살더라?"

지원이는 유나의 손에 든 선물 상자를 가리키며 말을 이었다.

"넌 그거 사 오는 길이야? 상자 되게 예쁘다."

"응. 엄마 심부름 하느라고."

"그렇구나. 그럼 조심히 들어가. 난 삼십 분 정도 더 타다 들어갈 거거든."

유나는 하은이와 함께 있는 이유에 대해 물으려 했지만 지원이는 눈 깜짝할 사이에 인사를 남기곤 돌아섰다.

"나 먼저 갈게. 내일 학교에서 보자."

유나는 지원이의 뒷모습을 멍하니 바라보았다. 지원이는 하은이에게로 가더니, 같이 인라인스케이트를 타기 시작했다.

유나도 몸을 돌려 집으로 향했다. 하지만 몇 걸음 안 가 다시 뒤

돌아봤다. 뭐가 그리 재미있는지 둘은 깔깔거리며 웃고 있었다.

"여기 상자랑 거스름돈."
"표정이 왜 그래. 무슨 일 있었니?"
엄마의 질문에 유나는 대답도 하지 않고 방으로 들어갔다.
'둘이 원래 알던 사이인가? 아니지. 하은이는 올해 처음으로 같은 반이 된 애인데…….'
유나의 눈앞에 함께 인라인스케이트를 타던 지원이와 하은이의 모습이 아른거렸다. 웃음소리도 들리는 듯했다.
'대체 어떻게 된 일이지?'
유나는 참을 수 없이 궁금했다. 마치 비오는 날 양말까지 푹 젖은 신발을 신고 걸을 때처럼 기분이 찝찝했다.

다음 날 아침 학교로 가는 길, 유나는 지원이를 발견하고 달려갔다.
"지원아!"
유나는 늘 그랬듯 지원이의 팔짱을 꼭 끼며 걸음을 옮겼다. 지원이도 유나를 보고 반갑게 웃었다.

"어제 잘 들어갔어? 인라인스케이트는 잘 탔고?"

"응. 잘 들어가긴 했는데. 너무 오래 타서 엄마한테 혼났어. 너 만났을 때, 딱 삼십 분만 더 타고 들어가려고 했거든? 근데 집에 갔더니 한 시간이 넘은 거 있지. 인라인스케이트만 타면 어쩜 그리 시간이 빨리 가나 몰라."

'한 시간이나 탔다고? 그럼 송하은이랑 한 시간 내내 같이 있었던 거야?'

유나는 얼른 어제 일에 대해 모두 물어보려 했다. 그때! 둘을 향해 다다다닥 뛰어오는 발자국 소리가 들렸다. 유나가 돌아보니 하은이였다.

"지원아, 안녕? 어, 유나도 있었네."

하은이는 머리칼을 찰랑거리며 유나에게도 밝은 목소리로 인사를 건넸다.

"안녕?"

지원이도 생긋 웃으며 인사했다. 하지만 유나는 떨떠름한 표정으로 하은이를 흘끔 쳐다보기만 했다. 하필 중요한 순간에 끼어든 하은이가 유나는 매우 못마땅했다. 그런데 하은이는 아예 지원이 옆에 서더니 발걸음을 맞춰 걷기 시작했다.

"지원아, 어제 보니까 너 인라인스케이트 되게 잘 타더라."

"잘 타긴. 탄 지 얼마 안 됐는데?"

"그런데 그 정도야?"

"헤헷. 아직 훨씬 더 연습해야 돼. 그리고 네가 더 잘 타던걸?"

"에이, 무슨."

둘의 대화는 즐겁게 이어졌다. 유나는 지원이에게 딱 달라붙어 말을 거는 하은이가 거슬렸다.

'인사를 했으면 먼저 가거나 뒤에 따로 올 일이지. 왜 지원이 옆에 서서 말을 걸어? 자기가 언제부터 지원이랑 친했다고!'

유나는 지원이의 팔을 자기 쪽으로 더 끌어당겼다. 그때였다.

"참. 어제 부딪친 데는 괜찮아?"

"괜찮아. 살짝 부딪친 건데 뭘."

지원이와 하은이의 대화에 유나는 귀가 번쩍 했다. 별일은 아니었지만 단짝인 자기가 모르는 지원이의 일을 하은이는 알다니! 유나의 마음속에서 묘하게 질투심이 일어났다. 유나는 그 자리에 멈춰 서서 지원이를 보며 물었다.

"지원아, 너 어제 인라인스케이트를 타다 다쳤어? 거 봐. 그거 위험하다니까."

"아. 그게… 중심을 잘못 잡는 바람에 잠깐 의자에 부딪친 거야. 말짱하니까 걱정 마."

지원이는 유나의 말에 대수롭지 않게 웃으며 대답했다. 유나는 뾰로통한 얼굴로 다시 걸음을 옮겼다. 그런 유나의 마음을 모르고, 하은이는 웃으며 유나에게 말을 걸었다.

"유나야. 넌 인라인스케이트를 타지 않니?"

"어. 안 타. 난 운동 싫어해."

유나는 얼음처럼 차가운 목소리로 말했다. 지원이와 자기 사이에 끼어든 하은이에게 친절하게 대꾸하고 싶지 않아서였다. 유나가 더는 아무 말도 않자, 지원이가 어색해진 분위기를 풀기 위해 나섰다.

"유나는 뭘 만들거나 그림을 그리는 걸 좋아해. 맞다! 엄마한테 배워서 비즈 공예도 할 줄 알고."

"비즈 공예? 그거 구슬로 목걸이나 팔찌 같은 거 만드는 거지? 와. 신기하다."

하은이는 여전히 밝은 목소리로 유나에게 말을 붙였다. 하지만 유나는 조개처럼 입을 꾹 다물고 앞만 보며 걸었다. 그저 빨리 학교에 도착했으면 하는 마음뿐이었다.

세상에서 제일 맛없는 사탕

'왜 둘이 인라인스케이트를 같이 타고 있었지? 지원이가 하은이 얘기를 한 적은 한 번도 없었는데…….'

유나는 수업시간 내내 지원이와 하은이의 생각에 잠겼다. 평소에는 호랑이 같은 선생님이 무서워 정신을 바짝 차리고 수업에 집중했지만, 오늘은 그럴 수 없었다.

'1교시가 끝나면 물어볼까? 아냐. 쉬는 시간은 이런 중요한 얘기를 듣기엔 너무 짧아. 이따가 점심 때 물어보는 게 좋겠어!'

점심시간이 되자 유나는 식판을 들고 지원이 옆자리에 앉으며 이야기를 꺼냈다.

"지원아, 너 어제……."

"응? 어제 뭐?"

"하은이랑 인라인스케이트를 같이 탔니?"

"응. 너도 봤잖아."

"그럼 집에 갈 때까지 내내 같이 있었던 거야?"

"어."

지원이의 말에 유나의 목소리가 절로 착 가라앉았다.

"너 언제부터 하은이랑 그렇게 친했는데?"

"응? 무슨 소리야? 하은이는 어제 놀이터에서 우연히 만났어. 인라인스케이트를 타러 갔는데 누가 먼저 타고 있더라고? 누군지 보니까 하은이였어."

"그래?"

"어. 하은이네 집이 놀이터랑 가깝대. 그래서 어제도 인라인스케이트를 타러 나온 거고. 나도 거기서 자주 탔는데. 그동안 서로 엇갈려서 못 봤나 봐."

지원이는 점심으로 나온 짜장밥을 쓱쓱 비비며, 대수롭지 않다는 듯 말을 이었다.

"그런데 하은이가 운동을 되게 좋아하나 봐. 어렸을 때부터 수영을 배웠고, 탁구도 칠 줄 안대. 대단하지?"

유나는 지원이의 말에 신경이 곤두섰다. 자신이 하은이에 대해 물어보지 않은 것까지 줄줄 말하고 있는 것이 마음에 걸렸다. 어제 하루 같이 놀았을 뿐인데, 지원이는 하은이와 벌써 많은 얘기를 주고받은 것 같았다. 유나는 어제 일에 대한 궁금증은 풀렸지만, 기분은 영 풀리지 않았다.

수업이 다 끝난 뒤, 지원이와 유나는 반 아이들과 청소를 시작했다.

"유나야, 여기 빗자루."

"어, 고마워."

유나는 받아든 빗자루로 비질을 하면서 하은이를 흘끔거렸다. 그전엔 하은이와 같은 날에 청소 당번이 되어도 아무 상관이 없었는데. 어제 일 이후로 하은이가 신경이 쓰였다.

"야호! 청소 끝났다!"

"이야. 이 정도면 내 방보다 깨끗한데?"

"아, 짜식! 좀 치우고 살아!"

석태와 동훈이의 장난스러운 입씨름을 들으며, 아이들은 집에 갈 채비를 했다. 유나와 지원이는 화장실에서 손을 씻고 교실로 돌아왔다. 교실에 와 보니 하은이가 아이들에게 무언가를 나눠 주고 있었다.

"청소가 끝나면 먹으려고 아껴 뒀지! 자, 레몬 맛 사탕."

하은이는 유나와 지원이에게도 사탕을 내밀었다. 유나는 사탕을 받기 싫었지만 혼자만 거절하면 이상할까 봐 억지로 받았다.

"유나야, 너도 빨리 먹어 봐! 새콤달콤한 게 진짜 맛있다."

지원이는 유나가 쥐고 있는 사탕을 빼앗아 껍질을 까더니, 냉큼 유나 입 안에 넣어 주었다. 그 바람에 유나는 별수 없이 사탕을 받아먹었다.

'어휴! 왜 이렇게 시어. 이렇게 맛없는 사탕은 처음이네!'

유나는 괜스레 사탕 맛을 탓하며 와작와작 깨물어 사탕을 삼켜 버렸다. 그 모습에 하은이가 눈을 동그랗게 뜨더니 말했다.

"유나야. 벌써 다 먹었어? 하나 더 먹을래?"

하은이는 봉지에서 사탕을 꺼내더니 유나 앞에 내밀었다. 하은이의 밝은 모습에 유나는 자기도 모르게 가자미눈이 되었다.

'쳇! 얘는 눈치도 없나?'

유나는 고개를 저으며 단번에 거절했다.

"아니, 됐어."

그러자 옆에 있던 지원이가 불쑥 손을 내밀었다.

"나 줘. 내가 먹을래."

하은이는 웃으며 지원이에게 사탕을 건네주었다.

"이 사탕 꽤 맛있지?"

"응. 자꾸자꾸 또 먹게 되네."

유나는 그런 둘을 번갈아 쳐다보며 새치름한 표정을 지었다. 하은이가 사탕 봉지를 오므리며 지원이에게 물었다.

"지원아, 오늘 바빠? 시간이 괜찮으면 인라인스케이트를 같이 탈래?"

유나는 하은이의 말에 깜짝 놀랐다.

'어제는 우연히 만났으니 그렇다 쳐도. 오늘 또 만나자고?'

유나는 하은이가 자꾸만 지원이에게 달라붙는 것 같다고 느꼈다. 지원이가 혹시라도 "그래." 하고 대답할까 봐 가슴이 조마조마했다.

"어쩌지? 오늘 할머니가 우리 집에 오셔. 나 보고 싶다고 오신다고 했거든."

지원이는 무척이나 미안해하는 표정으로 이야기했다.

"괜찮아. 다음에 같이 타자."

"그래. 다음엔 꼭 같이 탈게."

유나는 가슴을 쓸어내렸다. 하지만 '다음번에 꼭 같이 타겠다'는 지원이의 말이 마음에 걸렸다.

집으로 가는 길에 유나는 운동장을 가로지르며 지원이의 옆모습을 흘깃 봤다. 그러고는 지원이의 팔짱을 꼭 끼며 물었다.

"저기 지원아……."

"어?"

"넌 하은이 어떻게 생각해?"

지원이는 갑작스러운 질문에 어리둥절한 표정을 짓더니, 곧 입을 열었다.

"음……. 잘은 모르지만, 어제 얘기해 보니까 좋은 애 같던데?"

"그래? 난 걔 좀 이상하던데."

"이상하다고? 뭐가?"

"아니. 자꾸 너한테 친한 척하잖아."

지원이는 덤덤한 표정으로 대답했다.

"어제 인라인스케이트를 같이 탔으니까."

"그러니까 더 이상하지! 겨우 하루 인라인스케이트를 같이 탔다고 친한 척 달라붙는 게 말이 돼? 암만 생각해도 난 걔가 이상해."

그 말에 지원이는 별다른 대꾸가 없었다. 한참을 말없이 걷다가 유나가 다시 입을 열었다.

"있잖아. 넌 단짝이 뭐라고 생각하니?"

"단짝? 글쎄. 너무 어려운 질문인데?"

"난 말이야. 단짝이란 '언제, 어디서, 무엇을 하든 꼭 함께하는 사이'라고 생각해! 한마디로 둘 말고는 아무도 필요 없는 사이!"

유나는 '꼭 함께'와 '아무도 필요 없는 사이'라는 말에 일부러 힘을 꾹꾹 주어 이야기했다. 지원이는 눈을 부릅뜬 채 잔뜩 진지한 표정을 짓는 유나를 보며 웃음을 터뜨렸다.

"하하하. 갑자기 왜 그런 말을 해? 표정은 또 왜 그런 거야?"

"그냥……. 갑자기 이런 얘기를 하고 싶어서."

유나는 어깨를 으쓱하며 어색하게 미소 지었다.

단짝의 새 친구, 너무 신경 쓰여!

'아! 송하은 때문에 신경 쓰여 죽겠네!'

유나는 요즘 들어 신경이 날카로워졌다. 지원이와 하은이가 함께 어울려 인라인스케이트를 타고 있기 때문이다.

사실 유나는 지원이와 하은이가 우연히 만난 날 이후로, 그런 일은 쉽게 일어나지 않을 거라고 생각했다. 하지만 유나의 예상은 빗나가고 말았다. 지원이와 하은이는 약속 시간을 정해 함께 인라인스케이트를 탔다. 혼자 타는 것보다 둘이 타면 훨씬 즐거웠기에 자연스레 어울리게 되었다.

하지만 둘에게는 자연스럽고 즐거운 일인지 몰라도 유나는 달랐다. 유나는 그동안 지원이가 자신하고만 놀았기 때문에 새 친구와 어울리는 상황을 이해할 수도, 받아들일 수도 없었다. 그래서 요즘 유나는 질투심에 지원이가 하은이와 가까이 지내는 것을 막으려고 안간힘을 쓰고 있다.

"지원아, 오늘 바빠? 시간 괜찮으면……."
쉬는 시간에 하은이가 지원이 자리로 와서 말을 건넬 때였다.
'분명 인라인스케이트를 함께 탈 시간을 정하려는 거겠지?'
멀찍이 있던 유나는 빛의 속도로 달려가 지원이의 팔을 낚아챘다. 평소에 달리기도 못하고, 뛰는 것도 싫어하는 유나였다. 그러나 그 순간만큼은 육상 선수가 따로 없을 정도로 빨랐다.
"지원아, 잠깐만!"
지원이는 달려오는 유나를 놀란 눈으로 쳐다봤다. 유나는 지원이의 팔을 꼭 잡고는 다급하게 이야기했다.
"오늘 우리 집에 놀러 가자!"
"응?"
"왜 내가 저번에 얘기했잖아. 비즈 공예로 만든 머리끈이랑 액

세서리를 보여 주겠다고. 오늘 보여 줄 테니까 우리 집에 가자."

지원이는 유나의 행동이 이상하다고 생각하며, 고개를 끄덕였다.

"그래, 알았어. 근데 그런 얘기라면 천천히 하지. 갑자기 쫓아와서 무슨 일이라도 난 줄 알았네. 너, 괜찮아?"

"어, 괜찮아."

유나가 숨을 고르며 고개를 끄덕이자, 지원이는 하은이에게 물었다.

"하은아, 너 아까 무슨 말을 하려고 그러지 않았니?"

"어……. 인라인스케이트를 같이 타자고 하려던 건데. 오늘은 안 되겠네. 다음에 타자."

하은이는 멋쩍게 웃으며 자기 자리로 돌아갔다. 유나는 전쟁에서 승리한 장군이라도 되는 것처럼 의기양양한 표정을 지었다.

이번만이 아니었다. 유나는 지원이와 하은이가 가까워지는 것을 막기 위해 별별 방법을 다 썼다. 학교에서 하은이가 지원이에게 말이라도 붙일라치면 급하게 할 말이 있다며 지원이를 다른 곳으로 데려갔다. 그리고 하루가 멀다 하고 지원이를 집으로 초대했다. 심지어 엄마를 졸라 수학 학원을 지원이가 다니는 곳으로 옮기기도 했다. 모두 다 지원이와 조금이라도 더 붙어 있고, 지원이와 하은이가 못 만나도록 하기 위한 유나의 작전이었다.

하지만 이런 식으로 둘 사이를 갈라놓기에는 한계가 있었다. 방과 후 시간까지 지원이와 함께 지낼 수는 없는 노릇이었다. 그리고 지원이가 인라인스케이트를 타는 것도 막을 수는 없었으니까.

유나의 노력에도 지원이와 하은이는 짬날 때마다 인라인스케이트를 함께 탔다. 그리고 둘은 시간이 지날수록 더욱 가까워졌다. 쉬는 시간에 서로의 자리에 가서 수다를 떨고, 함께 간식을 다정히 나눠 먹을 정도로 말이다. 물론 그렇다고 해서 지원이가 하은이 하고만 노는 건 절대 아니다. 지원이가 유나를 대하는 태도에는 변함이 없었다. 그럼에도 유나는 매우 속상했다. 지원이와 하은이가 어울리는 모습을 볼 때마다 머리가 지끈거리고 가슴이 콕콕 쑤셨다. 유나는 하나뿐인 단짝을 하은이에게 뺏긴 것 같아 우울했다. 저러다 지원이가 자신보다 하은이와 더 친해지면 어쩌나 싶어 걱정됐다.

그러던 어느 날 체육 시간이었다. 유나의 질투심이 극에 달한 사건이 터지고 만 것이다.

"자, 수업 시간이 얼마 안 남았구나. 남은 시간엔 둘이 마주 보고 뛰는 '커플 줄넘기'를 해 볼까?"

선생님의 말에 아이들은 웅성거렸다.

"선생님! 그럼 같이 줄넘기를 할 짝은 어떻게 정해요?"

"음. 지금 서 있는 줄대로 정하면 되겠구나. 자신의 옆 사람과 짝을 지으렴."

아이들은 옆에 있는 자신의 짝을 확인했다. 하지만 유나는 지원이의 짝이 더 궁금했다. 지원이가 서 있는 뒤쪽으로 고개를 돌아봤다. 맙소사! 지원이 옆에는 하은이가 생글생글 웃고 있는 게 아닌가!

'뭐야. 지원이는 하은이랑 짝이 된 거야? 왜 하필 송하은이야?'

유나는 질투심에 얼굴이 발갛게 달아올랐다. 아무것도 모르고 환하게 웃는 하은이의 얼굴이 더욱 화를 돋우었다. 그런데 가만히 보니, 지원이도 입이 귀에 걸릴 정도로 활짝 웃고 있었다.

'송하은은 그렇다 쳐도 지원이는 어떻게 저럴 수 있지? 나 말고 다른 애랑 짝이 됐는데 저렇게 기뻐해도 돼?'

유나는 지원이에게 서운한 마음이 들었다. 그때 선생님의 목소리가 들렸다.

"짝을 확인했으면, 서로 부딪치지 않게 자리를 잡도록!"

아이들은 선생님의 말에 따라 움직였다. 일단 줄넘기를 동시에 시작한 뒤, 줄을 넘다 발에 걸린 커플은 그 자리에 앉기로 했다.

유나는 짝이 된 미란이와 마주 보고 섰다. 유나는 지원이랑 짝이 되면 얼마나 좋을까 하는 생각이 들었다. 아니. 그건 바라지도 않으니, 지원이 짝이 하은이만 아니었으면 싶었다.

"야. 뭐해? 줄은 내가 돌릴 테니까 넌 걸리지 않게 잘 넘어!"

미란이가 딴생각에 빠져 있는 유나의 팔을 툭 치며 말했다.

"다들 준비됐지? 그럼 시~작!"

선생님의 신호에 맞춰 아이들은 줄넘기를 시작했다. 다들 최후의 승자가 되기 위해 열심히 뛰었다. 하지만 유나는 지원이와 하은이에게 신경을 쓰느라 처음부터 줄에 발이 걸리고 말았다. 미란이는 황당해하며 유나에게 말했다.

"정유나, 엉뚱한 데를 쳐다보면 어떡해! 우리 한 개도 못 넘었잖아!"

"그럴 수도 있지. 뭘 그렇게 화를 내니?"

유나는 괜스레 미란이에게 성질을 부렸다. 미란이는 불만이

가득한 얼굴로 자리에 앉았다.

"다섯, 여섯, 일곱……."

시간이 지날수록 슬슬 줄에 걸려 자리에 앉는 아이들이 많아졌다. 결국 마지막에는 석태와 동훈이, 지원이와 하은이만 남게 되었다.

"남석태, 황동훈 힘내라!"

"지원이, 하은이 파이팅!"

아이들은 이제 여자, 남자로 편을 갈라 응원을 시작했다. 단 한 사람 유나만 빼놓고 말이다.

'쳇. 그냥 졌으면 좋겠다! 송하은, 제발 줄에 걸려라! 걸리라고!'

하지만 유나의 바람과 달리 엉뚱하게도 석태가 줄에 걸리고 말았다. 아이들의 눈은 이제 지원이와 하은이에게로 쏠렸다.

"스물다섯, 스물여섯, 스물일곱……."

아이들은 박수를 치며 환호성을 보냈다. 놀랍게도 두 사람은 스물여덟 개나 성공했다.

"와! 대단하구나. 오늘의 우승자는 김지원, 송하은!"

선생님의 말씀에 지원이와 하은이는 기뻐하며 손을 마주 잡

고 콩콩 뛰었다. 그 모습에 유나는 질투심이 폭발했다. 단짝인 지원이와 자기 사이에 끼어든 하은이도 얄미웠지만, 이제는 자기 앞에서 다른 친구와 대놓고 하하 호호거리는 지원이도 너무 한다 싶었다. 수업이 끝나자마자 유나는 자리에서 일어나 수돗가로 향했다. 곧 지원이도 유나 뒤를 따라 수돗가로 왔다.

"지원아! 잘했어~."

수돗가로 온 하은이는 두 손을 쫙 펼쳐 들고 지원이에게 말했다. 그러자 지원이가 "짝!" 소리 나게 하은이와 손바닥을 마주치며 말했다.

"너도 잘했어!"

그 말에 묵묵히 손을 씻던 유나는 속이 상해, 손만 더 벅벅 문질러 댔다.

이럴 수가! 지원이가 달라졌어!

"휴."

지원이가 하은이와 가까워질수록, 유나의 한숨은 늘어만 갔다. 그러던 오늘, 지원이가 유나의 마음을 왕창 긁는 일이 벌어지고 말았다.

"지원아, 오늘은 가져왔지?"

"응? 뭘?"

"뭐라니! 교환일기지!"

"어머! 내 정신 좀 봐!"

"오늘은 꼭 가져오기로 했잖아."

"미안해. 내가 깜빡했어. 어쩌지?"

"또 안 가져왔다고? 너, 교환일기를 안 가져온 게 벌써 며칠째인 줄 알아?"

유나는 속상한 마음에 버럭 화를 냈다. 예전에는 교환일기를 거의 매일 주고받았는데, 요즘 들어 지원이는 자꾸 교환일기를 깜빡했다. 지원이는 미안한 표정으로 유나의 손을 덥석 잡았다.

"미안해. 내일은 꼭 가져올 테니까 화 풀어."

"됐어."

"아이, 정말 미안해! 내가 꼭 약속 지킬게!"

지원이는 몇 번이나 사과의 말을 건넸다. 유나는 겨우 화를 가라앉히며 한마디 했다.

"내일은 꼭 가져와야 해!"

그때였다. 교실 문이 열리더니 하은이가 안으로 들어섰다. 하은이는 손을 번쩍 치켜들며 아이들에게 인사를 건넸다. 아이들은 하은이에게 반갑게 인사했다.

'쳇. 저렇게 친하게 지내는 애들이 많으면서 왜 지원이한테 달라붙어!'

유나는 하은이가 못마땅해서 이맛살을 찌푸렸다. 성격이 좋은 하은이는 반에서 인기 많은 아이로 손꼽혔지만, 유나는 하은이가 꼭 여름밤의 모기 같았다. 자려고 누웠는데 귓가에서 앵앵거리는 모기. 그래서 귀찮고 짜증 나고 멀리 쫓아 버리고 싶은 그런 존재 말이다.

"지원아!"

아니나 다를까. 하은이는 지원이를 부르며 반갑게 아는 체를 했다.

"유나야, 좋은 아침!"

그러고는 유나에게도 인사를 건넸다. 유나는 꼬박꼬박 인사를 건네는 하은이가 싫어 일부러 못 들은 척했다. 그런데 하은이는 잇몸이 드러날 정도로 환히 웃으며 지원이가 앉아 있는 곳으로 달려왔다.

"내가 깜짝 놀랄 만한 소식을 갖고 왔어!"

"놀랄 만한 소식? 그게 뭔데?"

지원이는 눈을 반짝이며 하은이에게 바싹 얼굴을 들이밀었다. 유나는 하나도 관심 없는 척하면서 귀를 쫑긋 세웠다.

"우리 동네에서 인라인스케이트 대회가 열린대."

"인라인스케이트 대회? 그게 정말이야?"

지원이는 입이 함지박 만하게 벌어졌고, 유나는 순간 불안해졌다. 만약 지원이가 인라인스케이트 대회에 참가한다면, 둘은 연습을 핑계 삼아 더욱 붙어 다닐 게 뻔했기 때문이다. 유나는 안 되겠다 싶어 얼른 끼어들었다.

"근데. 그런 대회에는 실력이 엄청나게 뛰어난 사람들만 나가지 않니? 지원이 넌 인라인스케이트를 탄 지 얼마 되지도 않았잖아."

"어. 그런가?"

지원이는 금세 시무룩해졌다. 유나는 이때다 싶어 힘주어 말했다.

"당연히 그렇지. 피아노 대회나 미술 대회 같은 것만 봐도 꽤 실력 있는 애들만 참가하잖아? 유치원 재롱 잔치도 아니고. 그런 대회에 그냥 취미로 타는 사람이 누가 나가겠어?"

그런데 유나의 말을 듣던 하은이가 고개를 젓더니, 더욱 밝은 목소리로 말했다.

"나도 처음에는 그런 줄 알았거든? 근데 이번 대회는 뭐라더라? 응! 그래, 초보자! 우리처럼 인라인스케이트를 탄 지 얼마 되지 않은 사람들을 위한 대회래. 인라인스케이트를 좋아하기만 하면 대환영이라던걸?"

"와. 그럼 대회에 참가할 수 있겠네? 으하하. 잘됐다. 하은아. 알려 줘서 고마워!"

"고맙긴, 우리 사이에 무슨."

지원이와 하은이는 마주 보며 환히 웃었다. 하지만 유나는 웃을 수 없었다. 그때 옆에서 이야기를 띄엄띄엄 듣고 있던 석태가 끼어들었다.

"뭐? 김지원이 인라인스케이트 대회에 나간다고?"

그 말에 이번에는 멀찍이 있던 동훈이까지 다가왔다.

"나도 인라인스케이트를 타 본 적이 있는데. 그럼 이번 대회에는 너랑 유나랑 나가는 거야?"

그때 뒤에 앉아 있던 미란이가 여느 때보다 얄밉게 말했다.

"황동훈! 넌 작년에 유나랑 같은 반이었다면서 딱 보면 모르니? 유나는 운동 못하잖아. 그런데 무슨 인라인스케이트냐?"

"그럼 대회에는?"

"하은이랑 나간다잖아."

"어, 정말이냐? 단짝이라고 만날 화장실까지 손을 붙잡고 다니더니 웬일이야?"

"그러게. 이거 해가 서쪽에서 뜰 일인데? 너희 둘은 뭘 하든 붙어 다녔잖아. 여태 이런 적은 한 번도 없지 않았어?"

석태와 동훈이는 눈을 왕사탕만큼 커다랗게 뜨고 호들갑을 떨었다. 기회를 놓칠세라 미란이도 한마디 거들었다.

"근데 진짜 희한하다. 단짝은 대부분 취미도 같던데……. 누가 보면 꼭 너희 둘이 단짝인 줄 알겠다."

미란이는 손가락으로 지원이와 하은이를 가리켰다. 안 그래도 마음이 복잡하던 유나는 미란이의 말에 가슴이 새까맣게 타 들어 갔다. 유나는 입술을 꼭 깨물고 아이들을 째려보다가 지원이에게 눈을 돌렸다. 그런데 지원이는 아무렇지도 않은 표정이었다. 유나는 그 모습에 가슴이 더욱 아팠다.

"너, 그 대회에 나갈 거야?"

집으로 돌아가는 길에 유나가 심각한 목소리로 지원이에게 물었다.

"응. 꼭 참가하려고."

유나의 바람과 달리 지원이는 잔뜩 기대에 찬 목소리로 대답했다. 유나는 자기도 모르게 신경질적인 말투로 내뱉었다.

"인라인스케이트가 그렇게 재미있니? 대회까지 나갈 정도로?"

유나는 말에 지원이는 발걸음을 멈추더니 진지한 목소리로 대답했다.

"너도 알지만, 내가 그동안 공부든 취미생활이든 엄마가 시키는 것만 했잖아. 그런데 인라인스케이트는 달라. 내가 정말 하고 싶어서 선택한 거거든. 처음으로 내가 좋아서 선택한 일이니까 대회에도 꼭 도전해 보고 싶어."

지원이의 단호한 대답에 유나는 바람 빠진 풍선처럼 기운이 쪽 빠져 버렸다. 지원이가 더 이상 하은이랑 엮이지 않도록 대회에 나가지 않으면 좋겠는데, 절대 그럴 리가 없어 보였다.

이런 유나의 마음을 알 리 없는 지원이는 신이 나서 말했다.

"우리 햄버거 먹으러 갈래? 하은이한테 기쁜 소식을 들었으니까, 그 기념으로 내가 살게!"

지원이가 지갑이 든 호주머니를 툭툭 쳐 보였다. 하지만 유나는 기쁘지 않았다. 지원이에게는 좋은 소식일지 몰라도 자신에게는 최악의 소식이었다. 게다가 지원이의 말이 속상한 이유가 또 하나 있었다.

"햄버거 먹으러 가자고? 나 오늘 영어 학원에 가는 날인 거 잊었어?"

"어, 그랬나?"

"'그랬나'라니!"

유나는 속상한 마음에 팔짱까지 홱 빼며 왈칵 소리쳤다.

"너 요즘 왜 그래? 교환일기도 꼬박꼬박 안 써 오고, 내가 학원에 가는 날도 까먹고."

'하은이랑은 왜 자꾸 어울리는 거야?'

유나는 뒷말은 차마 뱉을 수 없어 속으로 삼켰다.

"미안해. 앞으로는 잘 기억할게. 교환일기도 잘 쓰고. 히히히."

지원이는 유나의 속마음도 모르고 다시 팔짱을 끼며 이야기했다. 하지만 속이 상한 유나는 대꾸도 하지 않았다. 지원이와 헤어지는 길목에서도 유나는 평소처럼 손을 흔들어 주지 않았다.

'어쩌다 나랑 지원이 사이가 이렇게 됐지?'

유나는 눈물이 왈칵 쏟아져 나올 것만 같았다.

질투가 불러온 거짓말

영어 학원에서 돌아온 유나는 심란한 얼굴로 그동안의 일을 떠올려 봤다. 지원이와 자기는 작년부터 둘도 없는 단짝이었고, 무슨 일이든 늘 함께했다. 하지만 지원이가 인라인스케이트를 타기 시작하면서 상황이 달라졌다. 아니, 정확히 말해 하은이와 함께 인라인스케이트를 타면서부터 달라졌다.

지원이는 이제 다른 친구인 하은이와 스스럼없이 어울렸고, 오히려 단짝인 자신은 그 둘을 보며 초조해졌다. 게다가 둘 사이를 갈라놓기 위해 온갖 방법을 다 썼지만, 멀어지기는커녕 시간이 갈수록 더 친해지고 있다.

이런 상황에서 인라인스케이트 대회에 둘이 같이 나간다면, 지원이는 하은이와 훨씬 가까워질 게 불 보듯 환했다. 대회 준비를 하느라 둘이서 맨날 시간을 함께 보낼 테니 말이다. 그러다 보면 자신은 까맣게 잊혀지고, 지원이와 하은이가 새로운 단짝이 될지도 모른다.

유나는 괴로운 마음에 눈을 감았다. 그러자 오늘 낮의 일이 떠올랐다.

대회 소식을 알려 주던 하은이와 그 소식에 기뻐하는 지원이. 대회에 함께 나가지 않는다니 웬일이냐고 호들갑을 떨던 아이들의 모습이 차례차례로 스쳐 지나갔다.

유나는 인라인스케이트 대회에 참가하는 둘의 모습을 상상해 보았다. 생각만으로도 질투심이 활활 불타올랐다.

'아무래도 안 되겠어. 둘이 인라인스케이트 대회에 함께 나가는 건 꼭 막아야 해!'

유나는 서둘러 인터넷을 켜고 '○○동 초보 인라인스케이트 대회'를 검색해 봤다. 이번에 열린다는 인라인스케이트 대회에 대해 뭘 알아야지, 둘을 갈라놓을 방법을 찾을 수 있을 것 같아서였다. 그런데 화면을 바라보던 유나의 눈이 커다래졌다. 검색된 내용 중 '하은이의 집'이라는 블로그가 눈에 띄었기 때문이다.

'하은이의 집? 설마?'

유나는 궁금한 맘에 얼른 링크를 눌러 보았다. 먼저 인라인스케이트 대회 소식을 올린 페이지가 떠올랐다. 유나는 곧 다른 페이지를 눌러 보았다. 그러자 컴퓨터 화면에 익숙한 얼굴이 떴다.

"정말 송하은이잖아?"

유나는 추리소설 속 탐정이라도 된 것처럼 블로그 여기저기를 꼼꼼히 살펴봤다. 이 블로그는 하은이네 엄마가 만든 블로그 같았다. 그러다 '하은이의 일상'이라는 카테고리를 누르는 순간! 유나는 머리카락이 쭈뼛 섰다. 하은이와 지원이가 다정히 찍은 사진이 좌르륵 있었기 때문이다.

대부분 인라인스케이트를 함께 타다 찍었는지, 하은이와 지원이가 보호 헬멧을 쓴 채 카메라를 나란히 쳐다보는 사진들이었다. 그 가운데는 지원이 혼자 인라인스케이트를 타는 사진도 있었다.

유나는 떨리는 손으로 천천히 마우스를 움직여 화면을 아래로 내렸다. 그때 사진 아래에 쓰인 글이 눈에 들어왔다.

'하은이의 단짝 친구 지원이!'

유나는 '단짝 친구'라는 말을 보고 얼굴이 하얗게 질렸다. 물론 그동안 둘이 인라인스케이트를 함께 탔다는 것은 알고 있었다. 하지만 다정한 둘의 모습을 직접 눈으로 확인하는 느낌은 전혀 달랐다. 마치 자신이 하은이에게 밀려난 기분이 들었다.

'세상에! 둘이 이렇게 사진까지 찍고 다녔단 말이지? 뭐? 하은이 단짝 지원이라고?'

그건 하은이 엄마가 쓴 글일 수도 있다. 하지만 둘이 얼마나 가까이 지냈으면, 하은이 엄마가 둘을 단짝으로 여겼을까 싶었다.

이내 유나의 얼굴이 붉으락푸르락해졌다.

'이제는 절대로 더 못 참아! 지원이는 원래 내 단짝이었잖아? 내 단짝을 다른 애한테 뺏길 수는 없어!'

유나는 그날 밤 단단히 다짐했다. 둘 사이를 완전히 떨어뜨려 놓고야 말겠다고. 지원이가 자기하고만 놀던 시절로 꼭 되돌려 놓겠다고 말이다.

다음 날 유나는 지원이와 하은이에게서 눈을 떼지 않았다. 유나의 눈빛은 먹잇감을 노리는 매처럼 날카로웠다. 온종일 어찌

나 신경을 바짝 썼는지, 집에 갈 때가 되자 아랫배가 살살 아파 왔다.

"아, 갑자기 배가 살살 아프네. 오늘 하루 종일 신경을 써서 그런가?"

유나는 볼일을 보기 위해 화장실로 향했다. 그 짧은 시간에도 지원이와 하은이가 이야기를 나눌까 봐 끙끙거렸다.

"야, 정유나!"

화장실로 막 들어가려는데, 석태와 동훈이가 불러 세웠다.

"왜?"

"우리 모둠 숙제는 언제 할 거야?"

유나는 잊고 있던 모둠 숙제가 떠올랐다. 유나와 지원이, 미란이, 석태, 동훈이는 같은 모둠이고, 얼마 전 선생님이 모둠별로 내 준 숙제가 있었다. 모둠장인 유나는 하은이와 지원이 사이에 정신이 팔려 있느라 숙제를 까맣게 잊고 있었다.

동훈이의 말에 잠시 생각하던 유나는 귀찮다는 듯 손을 내저었다.

"다음 주에 하자. 아직 시간 남았으니까."

"알겠어. 그럼 다음 주에 시간 맞추자."

유나는 화장실로 들어갔다. 그러자 이번에는 옷에 묻은 얼룩을 물로 닦고 있던 미란이가 물었다.

"야! 우리 모둠은 숙제 언제 해? 나 오늘 시간이 괜찮은데, 그냥 오늘 해 버리자."

"아, 몰라. 몰라. 난 오늘 숙제할 정신이 없어. 다음에 하자."

"너는 무슨 모둠장이 그러니? 벌써 숙제를 다 끝낸 모둠도 있던데!"

유나는 쫑알대는 미란이를 뒤로 하고 부랴부랴 화장실 칸으로 들어갔다. 그런데 얼마 지나지 않아 익숙한 목소리가 귓가에 들렸다.

"그게 정말이야? 진짜로 오늘 공원에 데려가 주는 거지? 아~ 그럼 나야 무지무지 좋지."

목소리의 주인공은 하은이였다.

"이모, 근데 부탁 하나만 해도 돼? 내 친구 중에 지원이라고 있는데. 걔도 인라인스케이트 대회에 나갈 거거든. 오늘 지원이도 같이 가면 안 될까?"

유나는 변기 물을 내리려다 말고 멈칫했다. '지원이'라는 말이 나오자마자 문에 귀를 바짝 대고 온 신경을 집중했다. 하은이는 곧 기뻐하는 목소리로 말했다.

"고마워, 이모. 지원이도 진짜 좋아할 거야. 그럼 있다 봐!"

유나는 하은이가 통화한 내용을 되짚어 봤다.

'한마디로 공원에 인라인스케이트를 타러 가는데, 지원이도 데려가겠다 그거구만.'

유나는 입술을 꼭 깨물었다.

'흥. 그렇게는 안 되지! 이제 내 단짝은 내가 지킬 거라고!'

유나는 하은이가 화장실을 빠져나가기를 기다리며 좋은 방법이 없나 생각했다. 그러다 기막힌 수가 퍼뜩 떠올랐다. 유나는 살그머니 문을 열고 하은이가 화장실을 나갔는지 아닌지를 살폈다. 슬쩍 둘러보니 미란이만 있었다.

"미란아!"

유나는 문을 열고 나가 미란이를 톡 쳤다.

"아이, 깜짝이야. 왜?"

"오늘 모둠 숙제를 하자."

"아까는 나중에 하자며?"

"그게……. 생각해 보니까 오늘 하는 게 나을 것 같아서."

"좀 전에 물어봤을 땐 다음에 하자더니. 왜 금방 이랬다저랬다 해? 아무튼 알았어."

유나는 곧장 복도에 있는 석태와 동훈이에게도 달려가 오늘 꼭 모둠 숙제를 해야 한다고 말했다. 석태와 동훈이는 탐탁지 않은 표정을 지었지만, 유나가 어찌나 강하게 밀어붙이는지 결국 알겠다며 고개를 끄덕였다. 유나는 마지막으로 지원이가 있는 교실로 달려갔다. 예상대로 하은이와 얘기를 나누고 있었다.

"정말 그래도 돼?"

지원이는 눈을 크게 뜨고 하은이의 손을 덥석 잡았다. 하은이는 웃으며 말했다.

"되고말고. 내가 우리 이모한테 벌써 말해 놨는걸."

"야호! 신 난다. 진짜 고마워. 하은아."

지원이는 환하게 웃다가 뒤에 있는 유나를 발견하고는 소리쳤다.

"유나야! 오늘 지원이네 이모가 인라인스케이트를 실컷 타게 공원에 데려가 준대. 특별히 자세도 봐 주고. 잘됐지?"

유나는 모든 걸 알면서도 시치미를 뚝 떼고 말했다.

"어! 오늘 우리 모둠이 모여서 숙제를 하기로 시간을 다 맞췄는데."

"오늘이라고?"

유나의 갑작스러운 이야기에 지원이는 발을 동동 굴렀다.

"그래. 넌 오늘 학원을 안 가니까 시간이 되잖아."

"그렇긴 한데. 숙제를 다른 날로 미루면 안 될까? 하은이네 이모가 바쁜 시간을 쪼개서 겨우 오시는 거라……."

"모둠 애들이 다들 오늘밖에 숙제할 시간이 없대. 다른 애들은 다 오늘 숙제를 하는 걸로 알고 있는 걸?"

"아, 오늘은 정말 인라인스케이트를 마음껏 타고 싶었는데."

지원이가 속상해하자 하은이가 지원이의 어깨를 토닥였다.

"내가 이모한테 다음에 또 데려가 달라고 부탁할게. 너무 속상해하지 마."

지원이는 힘없이 고개를 끄덕였다. 그런 지원이를 보자, 유나는 미안한 마음이 들었다. 하지만 이내 마음을 다잡았다. 그러고는 숙제가 끝난 뒤에 참고 참았던 말을 지원이에게 하기로 결심했다. 더는 하은이와 어울려 다니지 말라고 딱 잘라 얘기하기로!

속마음을 들켜 버렸어!

"아이고, 덥다 더워."

함께 모여 숙제를 마친 아이들은 고개를 절레절레 흔들었다. 야외 조사를 하는 숙제라서 한참을 돌아다니느라 다들 지쳐 있었다.

"다들 고생했어. 내가 기념으로 아이스크림 하나씩 쏠게."

모둠 숙제로 지원이와 하은이 갈라놓기 계획에 성공한 유나가 인심 좋게 말했다.

아이들은 냉큼 좋다며 편의점으로 몰려가 아이스크림을 제각

각 골랐다.

"내가 계산할 테니까. 각자 고른 거 이리 주고 너희는 밖에 나가 있어."

유나는 가게 안에 혼자 남아 계산할 차례를 기다렸다. 그동안 아이들은 가게 바깥에 놓인 의자에 자리를 잡고 앉았다.

"동훈아! 우리 유나가 나오면 아이스크림은 가면서 먹자. 시간을 보니까 게임 조금 하다 집에 갈 수 있겠다."

"오, 그래. 아! 원래 오늘은 게임을 실컷 하려고 했는데. 좀 아쉽다."

동훈의 말에 지원이는 어리둥절한 표정으로 물었다.

"응? 원래 오늘 게임하기로 했다니? 다들 숙제할 시간이 오늘밖에 없다고 해서 모인 거 아니었어?"

"아닌데? 처음엔 유나가 다음 주에 숙제하자고 했어."

"맞아. 근데 갑자기 말을 바꿔서 오늘 아님 안 된다고 하더라. 우리는 사실 오늘 숙제하기 싫었는데."

석태와 동훈이의 말에 이어, 미란이도 손부채질을 하며 이야기를 했다.

"어머, 너희한테도 그랬니? 나한테도 갑자기 오늘 하자고 그랬는데."

"진짜?"

지원이의 말에 미란이는 고개를 끄덕였다.

"그렇다니까. 처음엔 다음에 하자고 그러더니. 무슨 바람이 불었는지 오늘 만나자고 바로 말을 바꾸던데?"

"바, 바로 말을 바꿔?"

"응. 하은이가 이모랑 통화하고 나간 다음에, 화장실 칸 안에 있다 툭 튀어나와서 그랬어. 생각해 보니까 오늘 하는 게 좋을 것 같다고."

지원이는 미란이의 말을 듣고는 깊이 생각에 잠겼다. 하지만 아무것도 모르는 석태와 동훈이는 미란이의 말을 듣고 해맑게 농담을 했다.

"화장실에 들어갈 때 마음과 나올 때 마음이 다르다더니, 똥 싸고 나서 생각이 바뀌었나? 푸하하하!"

"무식한 녀석. 그 속담은 그런 뜻이 아니거든!"

"나도 알아, 황똥훈! 넌 속담만 알고 농담은 모르냐?"

아이들은 한바탕 웃음을 터뜨렸다. 하지만 지원이는 웃지 않았다. 생각에 잠겨 있던 지원이의 얼굴이 점점 어두워졌다.

이윽고 유나가 아이스크림을 들고 나왔다.

"와, 맛있겠다. 우리는 먼저 간다."

"그래. 숙제도 했겠다. 홀가분하게 게임이나 한 판 하자!"

"나도 가면서 먹을게."

아이들은 아이스크림을 받아 들고 가 버렸다.

"다들 빨리 가네. 지원아, 덥지? 이거 먹어."

유나가 아이스크림을 내밀었지만, 지원이는 얼음처럼 굳어 꼼짝하지 않았다. 유나가 심상치 않은 지원이의 얼굴을 보고 까닭을 물으려는 때였다.

"네가 애들한테 갑자기 오늘 모여서 숙제하자고 그랬니?"

지원이의 목소리가 떨리고 있었다.

"어? 그, 그게……."

"나한테는 애들이 오늘밖에 시간이 안 돼서 모이는 거라고 했잖아."

지원이의 말에 유나는 가슴이 철렁했다.

'설마 지원이가 다 알아 버린 건가? 아니야. 지원이가 알 수 없는데……. 일단 모른 척 잡아떼? 아니면 그냥 확 다 말해 버려?'

짧은 순간 유나의 머릿속에 여러 가지 생각들이 휙휙 떠올랐다. 망설이던 유나는 결국 사실대로 털어놓기로 결정했다. 이런 상황에서 말하려던 건 아니었지만, 어차피 참고 참았던 말을 하기로 결심한 날이니까.

"그래. 내가 애들한테 일부러 오늘 모둠 숙제를 하자고 했어."

설마 했던 지원이의 얼굴이 순식간에 벌겋게 달아올랐다.

"대체 왜?"

"네가 오늘 하은이랑 공원에 못 가게 하려고. 하은이랑 너랑 어울리는 게 싫어서."

유나의 말에 지원이의 눈이 동그래졌다.

"내가 하은이랑 어울리는 게 왜 싫은데?"

유나는 어이없다는 표정으로 소리쳤다.

"그걸 몰라서 물어?"

유나는 가슴에 담아 두었던 말을 빠르게 쏟아 내기 시작했다.

"너랑 나랑은 단짝이잖아! 근데 요즘 넌 나보다 하은이랑 더 어울려 다니지 않니? 맨날 인라인스케이트를 타러 같이 다니고! 쉬는 시간에도 붙어서 수다를 떨고! 게다가 인라인스케이트 대회까지 같이 나가겠다며! 그럼 앞으로 걔랑 더 붙어 다닐 거 아니야? 안 그래?"

"너 정말……. 그래서 나한테 거짓말까지 한 거야?"

"그래. 솔직히 단짝이라면 둘이서만 다녀야 하는 거잖아? 뭐든 둘이서 같이 하고! 근데 넌 요즘 안 그렇잖아!"

지원이는 믿을 수 없다는 표정으로 말했다.

"그럼 난 너 말고 다른 친구랑은 놀면 안 된다는 거야? 뭐든지 다 너하고만 같이 해야 하고?"

"당연하지. 여태껏 우리는 그래 왔잖아. 둘이서만 친하게 지내면 되지, 다른 친구가 왜 필요해?"

"우리가 단짝이어도 난 얼마든지 다른 애랑도 친구할 수 있다고 생각해. 그리고 분명히 말하는데. 인라인스케이트를 함께 타자고 했을 때, 싫다고 한 건 너였어!"

유나는 인라인스케이트 얘기에 발끈하며 소리쳤다.

"그냥 너 혼자 타면 되잖아? 내가 비즈 공예를 혼자 하는 것처럼! 만약 혼자 하기 싫다면, 아예 타지 말든가!"

지원이가 자리에서 벌떡 일어섰다.

"나보고 인라인스케이트를 타지 말라고? 그 말 진심이야?"

"그래, 진심이야. 솔직히 인라인스케이트를 꼭 타야 해? 단짝인 날 두고 다른 애랑 놀면서까지 탈 필요가 있냐고!"

"내가 그걸 얼마나 좋아하는지 잘 알면서. 어떻게 그런 말을 할 수 있어?"

"너야말로 단짝인 내가 싫다고 하면, 안 탈 수도 있는 거 아냐? 그동안 말을 안 해서 그렇지 내가 얼마나 속상했는지 알아? 어제 하은이 블로그에 들어가 봤더니, 너랑 찍은 사진 밑에 뭐라고 쓰여 있는 줄 알아? 단짝이래! 단짝! 그걸 보고 내 기분이 어땠겠어? 그리고 얼마 전에 미란이가 하는 얘기 못 들었어? 걔도 너희가 꼭 단짝 같다고 하잖아!"

말을 마친 유나는 씩씩댔다.

지원이는 그런 유나의 모습에 할 말을 잃었다. 1년 반 동안 단짝으로 지냈지만, 유나의 이런 모습은 처음이었다. 지원이는 간신히 입을 열고 물었다.

"그래서. 내가 어떻게 했으면 좋겠는데?"

유나는 숨을 한 번 내쉬고는 입을 열었다. 그동안 몇 번이나 꼭 하고 싶었던 말이었다.

"네가 하은이랑 놀지 말았으면 좋겠어. 더 이상 걔랑 엮이는 일이 없도록, 인라인스케이트 대회에도 나가지 말고."

"만약 내가 싫다면? 그렇게 못하겠다면 어쩔 건데?"

지원이가 유나를 노려보며 물었다.

유나도 지지 않고 지원이를 마주 보며 말했다.

"그럼 난 너랑 더는 단짝 친구 하지 않을 거야. 날 두고 다른 애랑 친하게 지내는 그런 단짝은 필요 없어!"

유나의 말이 끝나자 지원이는 눈두덩과 코끝이 빨개져 소리쳤다.

"난 여태껏 네가 진심으로 날 위해 준다고 생각했어. 그런데 겨우 이 정도밖에 생각 못 하니? 진짜 실망이야, 정유나! 네 말대로 안 하면, 단짝 친구를 안 한다고 했지? 좋아, 하지 마! 나도 너 같은 단짝은 필요 없어!"

지원이는 가방을 집어 들고 가 버렸다.

지원이 돌아서 가 버리자 유나는 자리에 털썩 주저앉았다. 지원이가 이렇게 나올 줄은 상상도 못했다. 한참을 멍하니 있던 유나는 고개를 숙이고 쏟아지는 눈물을 닦아 냈다. 유나는 허탈한 마음에 어떻게 집까지 돌아왔는지 아무것도 기억나지 않았다.

엄마에게도 단짝이 있었다고?

유나와 지원이가 다투고 헤어진 지, 여러 날이 지났다. 이제 두 사람은 학교에서는 물론이고, 길에서 우연히 마주쳐도 아무 말을 하지 않았다. 특히 지원이는 유나와 눈도 맞추지 않았다.

상황이 이렇다 보니, 유나의 기분은 말이 아니었다. 반 아이들도 유나와 지원이의 사이가 전과 같지 않다는 것을 모두 알게 되었다. 그리고 무심코 던지는 반 아이들의 말은 유나의 마음을 더욱 쓰라리게 만들었다.

"야, 너 콩나물 무침이 많이 남았다."

석태가 지나가다 유나의 식판을 보며 말했다. 그 말에 유나는 지원이가 싫어하는 콩나물을 대신 먹어 주던 때가 떠올랐다. 괜스레 밥이 목에 걸려 넘어가지 않았다.

수업이 끝나고 교문을 나선 유나는 지우개를 사러 문방구에 들렀다. 대충 골라 계산을 하려는데 주인아줌마가 물었다.

"껌 딱지 친구랑 무슨 일이 있니? 개도 좀 전에 혼자 들렀기에 단짝 어디다 뒀냐니까 대답이 없던데."

"……."

"으응? 둘 다 말을 안 하는 걸 보니, 싸웠나 보네? 무슨 일인지 모르지만 얼른 화해해. 친구랑 사이좋게 지내야지. 게다가 너희 둘이 좀 친한 친구니?"

유나는 여전히 대답 없이 인사를 꾸벅하고 문방구를 나왔다.

갑자기 지원이와 우정 반지를 산 날이 또렷이 떠오르며, 콧등이 시큰해졌다. 둘이 맨날 붙어 다니던 그때는 하루하루가 즐거웠는데, 이제는 매일이 괴로웠다. 유나는 터져 나오려는 울음을 겨우 참고 집으로 왔다.

"엄마가 피자를 시켜 놨지. 얼른 손 씻고 와서 먹어!"

'피자는 나랑 지원이가 제일 좋아하는 건데.'

결국 유나는 참았던 눈물을 터뜨렸다. 엄마는 갑자기 우는 유나를 보며 놀라 말했다.

"너, 왜 그래. 무슨 일이니?"

유나는 대답도 않고 참았던 눈물을 한참 동안 쏟아 냈다. 그러고는 눈물 콧물을 흘리며 그동안의 일을 털어놓았다. 엄마는 고개를 끄덕이며 입을 열었다.

"어쩐지 요즘 지원이가 놀러 오지도 않고 둘이 전화 통화도 하지 않아서 이상하다 했는데. 그런 일이 있었구나."

엄마는 유나를 토닥이더니, 소파로 데려갔다.

"그러니까 지원이가 갑자기 다른 애랑 어울려서 속상했다는 거지?"

"어."

"네 단짝을 뺏긴 것 같아 질투가 났고?"

"응."

"그래서 지원이한테 인라인스케이트 대회에도 나가지 말라고 얘기한 거야?"

유나가 고개를 끄덕이자 엄마는 팔짱을 끼더니 "어휴!" 하고 한숨을 내쉬었다.

"참 나. 누가 내 딸 아니랄까 봐 이런 것도 닮냐?"

"뭘 내가 엄마를 닮아? 엄마는 단짝 친구가 없잖아. 아무하고나 다 친구를 하면서."

"지금은 그렇지. 하지만 옛날에는 안 그랬어. 엄마가 어땠는지 얘기해 줄까?"

유나는 눈물을 닦으며 엄마의 이야기에 귀를 기울였다.

"엄마도 어렸을 적에 진짜 친한 친구가 있었어. 너한테 지원이뿐인 것처럼 엄마도 걔뿐이었지. 그런데 어느 날 우리 반에 한 여자애가 전학을 왔어."

"전학생이?"

"응. 너도 알겠지만 새로운 애가 전학을 오면 반 친구들의 관심이 온통 걔한테 쏠리잖니? 쉬는 시간만 되면 주위에 빙 둘러앉아 이것저것 물어보고 말이야. '어디서 왔냐?', '형제는 몇이냐?', '이사 온 집은 어디냐?' 등등. 하지만 난 달랐어. 어차피 단짝하고만 다닐 거니까 걔한테 아무런 관심도 없었지."

유나는 엄마의 어릴 적 생각이 지금 자신과 꼭 같아 깜짝 놀랐다. 엄마는 그때 생각이 났는지 씁쓸한 표정으로 이야기를 이어 나갔다.

"근데 내 단짝은 그게 아니더라. 그 전학생한테 가서 막 질문을 퍼붓는 거 있지."

"엄마의 단짝이 그 전학생한테 관심 있었나 보다!"

"그래. 그랬던 거야. 시간이 지나면서 둘은 수영장도 같이 다닐 정도로 친해졌어. 난 물을 무서워하니 수영장에 같이 다닐 수도 없는데."

유나는 자신의 상황과 놀라울 정도로 똑같은 엄마의 얘기에 푹 빠져들었다.

"그래서? 엄마는 어떻게 했어?"

"맨날 단짝한테 어제는 뭐 했느냐? 누구랑 놀았느냐 꼬치꼬치 캐물었지. 혹시라도 그 전학생 아이랑 같이 있을까 봐 불안해서. 그러다 전학생 아이랑 수영장에 같이 다닌다는 말을 듣고는 막 화를 냈어. 걔랑 함께 수영장에 다니는 거 싫다고. 나중에는 '넌 배신자야!' 하고 소리까지 질렀지. 정말 화가 머리 꼭대기까지 났거든."

유나는 침을 꿀꺽 삼키며 뒷이야기를 물었다.

"배, 배신자라고 했다고? 그 다음에는 어떻게 됐는데?"

"어떻게 되긴? 너랑 지원이가 싸운 거랑 똑같지. 걔도 나한테 마구 화를 내더라. 내가 하도 둘 사이를 캐묻고 질투해서 힘들었다나? 그렇게 대판 싸우고 절교했어."

"뭐, 뭐야? 그, 그게 끝이야? 단짝이랑 싸우고 영영 헤어진 게?"

유나는 엄마의 이야기를 들으니 더 기운이 쭉 빠졌다.

"음……. 끝일 뻔했지. 외할머니가 해 준 얘기를 귀담아듣지 않았더라면."

엄마의 말에 실망으로 가득 찼던 유나의 눈망울이 다시 반짝였다.

"그 얘기가 뭔데?"

"간단해. '친구는 네 인형이 아니다! 입장 바꿔 생각해 봐라!'였어."

"난 또 뭐라고. 나도 지원이가 인형이 아닌 거 알아. 게다가 입장을 바꿔 생각해 봐도 지원이가 잘못했는걸! 난 절대로 다른 애랑 놀지 않았을 거라고!"

"하지만 좋아하는 일을 하지 말라고 하면서 지원이를 네 뜻대로 움직이려고 했잖아? 그게 인형 취급을 한 거지. 그리고 만일 지원이가 네가 비즈 공예나 그림을 그리는 걸 못하게 하면, 평생

하지 않고 살 수 있어?"

엄마의 질문에 유나는 뾰로통한 목소리로 말했다.

"그럼 혼자 하면 되잖아? 꼭 나 말고 다른 애랑 어울려서 해야 해?"

"엄마도 처음에는 딱 너처럼 생각했어. 하지만 곰곰이 생각해 보니, 그게 아니더라고."

"뭐가 아닌데?"

"이 세상에는 많은 사람이 있어. 지혜로운 사람도 있고, 웃긴 얘기를 잘하는 사람도 있고, 별별 장점을 가진 사람이 다 있다는 말이야. 물론 나쁜 사람도 있지. 하지만 나쁜 사람이 아닌 한, 모든 사람을 다 멀리하라는 건 지나친 욕심이 아닐까? 네 친구가 좋은 사람을 만나 즐거운 시간을 보낼 수 있는 기회를 다 뺏는 거잖아? 네가 세상의 모든 사람들이 지닌 장점을 몽땅 갖고 있지 않다면 말이지."

엄마는 다시 말을 이었다.

"게다가 '입장 바꿔 생각하면' 그건 너한테도 좋지 않아. 평생 단짝하고만 지내면, 다른 좋은 친구를 사귈 기회도 없고 세상을 경험할 폭도 좁아지잖아?"

유나는 한참을 말없이 있다 엄마에게 물었다.

"그래서 엄마는 어떻게 했는데?"

"어떻게 하긴? 진심으로 사과했지. 단짝 친구를 영영 잃어버리고 싶진 않았거든. 그 뒤로는 단짝 친구뿐만 아니라, 다른 친구하고도 왕창 사귀었고."

유나는 마지막으로 엄마에게 물었다.

"근데 왜 그 단짝 친구랑은 지금 연락을 하지 않아? 다른 친구를 사귀어서 멀어진 거 아냐?"

"하하하, 무슨 소리야. 얼마 전에도 만나고 왔는데. 너 경주 아줌마 몰라?"

"뭐? 경주 아줌마라고?"

"그래. 철마다 농산물을 택배로 보내 주는 아줌마. 경주가 내 단짝이야. 그리고 그 전학생이 세진이고. 저번에 경주 동생 결혼식에도 함께 갔던."

"어! 정말로?"

유나는 놀란 표정으로 되물었다. 엄마의 단짝이 경주 아줌마라는 것도, 세 사람 사이에 그런 일이 있었다는 것도 처음 듣는 사실이었다.

그날 밤, 유나는 잠자리에 누워 엄마가 해 준 이야기를 곱씹어 봤다. 엄마의 말은 분명 맞는 말 같지만, 지원이에게 사과하고 싶은 마음은 선뜻 들지 않았다. 자신을 두고 하은이와 어울려 다닌 걸 생각하면 아직도 섭섭한 마음이 들었다.

종이봉투에 담은 마음

며칠 뒤, 수업이 끝나고 유나가 교실을 나서는 때였다. 복도 모퉁이를 막 돌려는데, 지원이와 하은이가 그곳에서 이야기를 나누고 있었다. 유나는 얼른 뒷걸음질을 쳤다. 다행히 주위에는 아무도 없었고 지원이와 하은이도 유나를 보지 못했다.

'둘이 무슨 얘기를 하는 걸까? 설마 내 얘기?'

유나는 이내 한숨을 내쉬며 생각했다.

'어휴, 지금 무슨 생각을 하는 거지? 이제 지원이는 날 쳐다보지도 않는데, 뭐. 당연히 인라인스케이트 대회에 대한 얘기 아니

겠어? 둘이 또 만나자고 약속을 잡는 거겠지.'

유나는 발길을 돌려 다른 쪽으로 가려고 했다. 바로 그때 둘의 목소리가 들렸다. 유나는 저도 모르게 모퉁이에 기대서서 둘의 얘기에 귀를 기울였다.

"지원아, 오늘 인라인스케이트 연습하러 가지 않을래?"

"아니."

"오늘도 안 하려고? 대회까지 얼마 남지 않았잖아."

"그냥. 마음이 좀 그래서."

하은이는 걱정스러운 목소리로 물었다.

"요즘 유나랑 이야기도 잘 안 하던데. 너희 아직 화해하지 않은 거야?"

지원이는 아무 말도 없었다. 하은이는 잠시 침묵하다 말을 이었다.

"무슨 일인지는 모르겠지만 유나랑 화해했으면 좋겠다. 대회 연습도 잘하고, 응?"

그렇게 둘은 계단을 내려가 버렸다. 예상 밖의 대화에 유나는 꽤 놀랐다. 지원이가 자신을 신경 쓰고 있었다니.

집으로 돌아온 유나는 가방을 벗어던지고는 책상 앞에 앉았다. 컴퓨터를 켜고 하은이네 블로그에 들어가 봤다. 지원이와 다툰 이후로, 둘이 함께 찍은 사진은 더 이상 올라오지 않았다. 유나는 책상에 엎드려 아까 들은 이야기를 떠올렸다.

'지원이는 나랑 싸운 이유를 하은이에게 말하지 않았어. 인라인스케이트도 거의 타지 않는 것 같고. 게다가 나와 싸운 것 때문에 마음 아파하고 있어.'

유나는 고개를 들고 다시 한 번 생각해 보았다.

'난 앞으로도 인라인스케이트를 탈 생각이 없잖아? 그럼 지원이도 인라인스케이트를 타지 말고, 대회에도 나가지 말아야 할까? 하은이랑도 어울리지 말고?'

유나는 문득 예전에 지원이가 한 얘기가 떠올랐다. 인라인스케이트는 내가 처음으로 좋아서 선택한 일이라고, 그래서 꼭 대회에도 나가고 싶다고 한 이야기 말이다. 그리고 엄마가 해 준 이야기도 생각났다.

한참 생각하던 유나는 마침내 결론을 내렸다.

'그래. 내가 단짝이라는 이유로 지원이에게 이래라저래라 하는 건 말이 안 돼. 그리고 나랑만 놀자고 하면서 인라인스케이트를 못 타게 막는 건 지원이를 위하는 일도 아니고.'

그날 밤 유나는 편지지를 꺼내 들었다. 지원이의 얼굴을 보면, 눈물이 나서 제대로 말할 수 없을 것 같았기 때문이다. 유나는 편지에 다시 한 번 마음을 털어놓았다. 시작은 어려웠지만 글을 다 쓰고 나자, 마음이 한결 후련해졌다.

이어 유나는 밤늦게까지 지원이에게 줄 선물도 마련했다. 그러고는 편지지와 선물을 종이봉투에 조심스레 담았다.

'내일 학교에 일찍 가서, 이걸 지원이 책상 서랍에 넣는 거야!'

유나는 알람을 맞춰 놓고 잠자리에 들었다. 하지만 좀처럼 잠이 오지 않았다.

'만약 편지를 읽고도 아무런 말이 없으면 어쩌지? 지원이가 화를 풀지 않는다면? 휴. 일단 그건 그때 가서 생각하고 잠이나 자자. 내일은 늦게 일어나선 안 돼!'

유나는 다음 날 일찍 학교로 향했다. 다행히 서둘러 집을 나선 덕분에 교실에는 아무도 없었다. 유나는 다른 아이들이 도착할까 봐 얼른 종이봉투를 지원이의 책상 서랍에 깊숙이 밀어 넣었다.

그날 오후, 집으로 돌아온 유나는 방 안에 오도카니 앉아, 손

톱을 잘근잘근 씹으며 생각했다.

'지원이가 왜 아무런 말도 하지 않았을까? 분명 봉투를 봤을 텐데. 학교에서 읽어 보지 않았더라도 지금쯤 집에 가서 내 글을 봤을 텐데. 아! 지원이는 어떻게 생각하고 있을까?'

"띵동! 띵동!"

생각에 빠져 있던 유나는 초인종 소리에 화들짝 놀랐다.

"아! 깜짝이야! 이 시간에 누구지?"

유나가 인터폰 수화기를 들었다.

"누구……."

유나는 말을 마저 잇지 못했다. 인터폰 화면에 지원이의 얼굴이 떠 있었다. 유나는 침을 꿀꺽 삼키고 문을 열어 주었다. 지원이가 집으로 들어온 뒤에도 유나는 아무 말을 하지 못했다. 결국 먼저 입을 연 건 지원이였다.

"유나야. 네가 쓴 편지를 읽어 봤어."

그제야 유나도 입을 뗐다.

"미안해. 그동안 나 때문에 속상했지?"

"아니야. 내가 미안해."

지원이의 사과에 유나의 눈이 동그래졌다. 지원이가 유나의 손을 잡으며 말했다.

"사실 나도 조금은 눈치채고 있었어. 하은이랑 내가 어울리는 걸 네가 싫어하고 있다는 거. 물론 그 정도로 마음을 쓰고 있는 줄은 몰랐지만. 우리는 둘도 없는 단짝이었는데, 내가 다른 친구랑 어울려 다니니까 너도 많이 속상했지?"

"정말 그렇게 생각해?"

"어. 생각해 보니까 내가 네 입장이라도 그랬을 것 같아."

유나는 자신의 마음을 이해해 준 지원이가 고마웠다.

"고마워, 지원아."

"아니야, 이렇게 먼저 손을 내밀어 줘서 내가 더 고마워. 참! 네가 준 선물이 무척 예쁘더라."

지원이가 자신의 머리를 가리키며 말했다. 그건 어젯밤 유나가 비즈 공예로 만든 머리끈이었다. 머리끈에는 자그마한 네 잎 클로버가 예쁘게 달려 있었다. 지원이가 의아한 얼굴로 물었다.

"근데 왜 똑같은 걸 두 개나 넣었어? 두 개나 하라고?"

"아니. 하나는 네 거고, 나머지 하나는…… 하은이 거야. 너희 둘이 이번에 인라인스케이트 대회에 나갈 때 하면 좋을 것 같아서. 아직 하은이한테는 전해 줄 용기가 나지 않으니까, 네가 대신 전해 줘."

유나의 말에 지원이는 감동한 얼굴로 고개를 끄덕였다.

"어이쿠, 늦을라. 빨리 가야지!"

유나는 서둘러 인라인스케이트 대회장으로 출발했다. 오늘은 인라인스케이트 대회가 열리는 날이다. 유나도 지원이를 응원하러 대회장에 온 것이다.

"아, 이제 지원이 차례다. 김지원 파이팅!"

마침내 지원이의 시합 차례가 되었다. 유나는 손가락에 우정 반지를 끼고, 목청껏 소리 지르며 지원이를 응원했다.

유나의 열렬한 응원에 힘입어 지원이는 놀랍게도 그날 대회에서 3등을 차지했다. 스스로도 놀랄 만큼 멋진 성적을 거둔 지원이는 두 팔을 쫙 뻗으며 환호성을 질렀다. 그러고는 수많은 사람들 사이를 헤치고 달려와 유나의 손바닥을 마주 쳤다. 유나도 신이 나서 손바닥을 마주 치고 지원이의 어깨를 두드려 주었다.

"지원아, 축하해! 정말 잘했어. 너 오늘 진짜 멋지더라!"

"하하하. 이게 다 네 덕분이야."

그때 하은이가 둘의 옆으로 다가왔다. 지원이는 씩 웃더니 하은이를 보며 말했다.

"하은아, 1등한 거 축하해."

"고마워. 우리 둘 다 상을 타게 되서 정말 좋다. 너도 축하해, 지원아."

하은이는 활짝 웃었다. 유나는 하은이에게도 축하의 인사를 건네고 싶었지만 쑥스러운 마음에 얼굴만 붉혔다. 그러다 용기를 내어 입을 열었다.

"축하해, 하은아."

"고마워! 네가 준 이 네 잎 클로버 머리끈 덕분에 오늘 행운이 따른 것 같아."

하은이는 유나에게 질끈 동여맨 머리끈을 보이며 환하게 웃었다.

"참, 나 엄마가 오늘 1등한 기념으로 파티를 해 주신대. 같이 가자."

"그래! 유나 너도 같이 갈 거지?"

지원이의 물음에 유나는 조금 망설였다. 하지만 이내 웃으며 고개를 끄덕였다.

"야, 오늘 날씨 진짜 좋다!"

함께 길을 걷던 아이들은 지원이의 외침에 하늘을 올려다보았다. 파란 하늘에 풍덩 뛰어들고 싶을 정도로 맑은 날씨다. 유나는 다시 고개를 돌려 옆을 바라봤다. 지원이를 가운데 두고 자신과 하은이가 나란히 서 있었다. 예전에 이렇게 셋이 길을 걸었을 때는 가슴이 콕콕 쑤셨는데, 오늘은 마음이 편안했다. 유나는 다시 하늘을 바라봤다. 맑은 날씨처럼 기분이 상쾌했다.

다른 친구와 노는 단짝 때문에 속상하다면?

단짝이 무엇인지는 잘 알고 있지요? 그래요. '단짝'이란 '서로 뜻이 잘 맞아서 늘 함께 어울리는 가까운 친구 사이'를 말해요. 단짝이 있다는 건 참 행복한 일이에요. 단짝이 있으면 힘든 학교생활도 훨씬 즐겁지요.

하지만 단짝과의 관계가 항상 좋을 수만은 없어요. 때로는 단짝이 다른 친구와 어울린다는 이유로 다툼이 일어나기도 하지요. 그렇다면 단짝이 새로운 친구와 사귈 때는 어떻게 해야 할까요? 단짝과의 소중한 우정을 오래도록 지키고 싶다면 다음 내용을 잘 읽어 보세요.

단짝에게는 다른 친구가 필요 없을까?

이 책을 읽는 여러분 가운데, 단짝이 있는 친구들은 혹시 이런 생각을 한 적이 없나요? '나는 단짝만 있으면 돼. 다른 친구는 필요 없어!', '단짝도 나하고만 놀아야 해!' 하고 말이에요. 하지만 이런 생각은 나를 위해서도, 나의 단짝을 위해서도 좋은 것이 아니에요.

우리는 새로운 사람을 만나고 가까워지는 과정을 통해 '대인 관계'에 대해 배워요. 쉽게 말하면 '사람 사이의 관계'에 대해 알아가는 것이지요. 또한, 여러 사람과 어울리면서 폭넓은 경험을 쌓게 된답니다.

여러분은 앞으로 살아가면서 좋든 싫든 많은 사람을 만나게 될 거예요. 그런데 만약 단짝하고만 어울린다면 어떻게 될까요? 단짝도 나하고만 논다면 어떻게 될까요? 다른 사람과 가까워지는 방법을 배울 기회가 그만큼 없어지는 거예요. 경험의 폭도 줄어들겠지요. 그러니 나와 단짝을 위한다면 '다른 친구는 필요 없어!' 하는 생각은 하지 마세요.

단짝의 새 친구에 대해 생각해 보세요

단짝의 새 친구에게 좋은 감정을 느끼는 사람은 별로 없어요. 대부분은 '단짝이 그 아이와 노느라 나와의 사이가 멀어지지 않을까?' 하며 불안해해요. 단짝이 새 친구와 어울리는 모습을 보며 질투심을 느끼기도 하지요. 이런 감정들 때문에 단짝의 새로운 친구를 '내 경쟁자'로 생각하게 돼요.

그렇지만 단짝의 새 친구는 여러분에게서 단짝을 빼앗아 가는 사람이 아니에요. 단짝을 사이에 두고 여러분과 경쟁하는 사이도 아니지요. 여러분이 미워하고, 단짝에게 접근하지 못하도록 물리쳐야 할 대상은 더더욱 아니랍니다. 여러분이 단짝과 어울려 놀 듯, 그 친구도 여러분의 단짝과 함께 어울리려는 것뿐이거든요.

여러분은 친구가 있는 아이와 놀고 싶다고 생각해 본 적이 없나요? 그럴 때 친했던 친구에게서 '그 아이를 빼앗아 와야겠다' 하는 마음은 결코 아니잖아요? 단짝의 새로운 친구도 그렇답니다. 어쩌면 단짝의 좋은 점을 알아본, 나와 생각이 비슷한 친구일 수도 있어요.

친구의 마음을 존중하세요

단짝에게 "넌 나하고만 친해야 해!", "그 애랑은 놀지 마!" 하고 강요해서는 안 돼요. 친구는 내 마음대로 이리저리 움직일 수 있는 인형이 아니에요. 자기만의 생각과 감정이 있는 사람이에요. 사람을 존중하는 게 당연하듯, 단짝의 생각과 감정도 존중해 주는 게 옳지요.

한번 입장을 바꿔서 생각해 보세요. 단짝이 여러분에게 어릴 적부터 함께 놀던 친구를 멀리하라고 하면 기분이 어떨까요? 함께 취미 생활을 하는 친구를 못마땅하게 여기고 어울리지 말라고 말한다면요? 분명 여러분의 기분이 좋지 않을 거예요. 서운한 마음도 들겠지요. 그러니 단짝이 다른 친구와도 놀고 싶어 한다면, 그 마음을 존중해 주세요.

상황을 객관적으로 바라보세요

단짝이 새 친구와 어울리면 '이제 단짝이 날 싫어하나 봐.' 하고 우울해하는 친구들이 있어요. 또는 '내가 단짝에게 뭘 잘못했나?' 하며 불안해하기도 하지요. 이런 마음이 들 때는 여러분이 상황을 너무 심각하게 받아들인 건 아닌지 되짚어 볼 필요가 있어요.

예를 들어, 단짝이 다른 친구와 다정하게 이야기를 나누는 모습을 봤다고 생각해 보세요. 혹시 '무슨 일이 있으면 나한테 얘기하면 되지, 왜 쟤랑 얘기해?' 하는 생각이 드나요? 하지만 어쩌면 단짝은 자신의 이야기를 하는 게 아니라, 친구의 고민을 들어 주고 있는 것일 수도 있어요. 설령 단짝이 고민을 털어놓았다고 해도, 그 친구의 의견이 듣고 싶었던 것일 수 있지요.

이처럼 단짝이 다른 친구와 어울리는 게, '나와의 사이에 문제가 생겼기 때문'은 아니에요. 여러분이 싫어진 것도, 여러분이 뭘 잘못해서도 아니랍니다. 그러니 상황을 확대해서 생각하며, 우울해하거나 불안해할 필요도 없지요.

단짝에게 집착하지 마세요

단짝과 가까이 지내다 보면, 자신도 모르게 단짝에게 집착하게 되는 경우가 있어요. 단짝이 가는 곳이라면 어디든 따라가려

하고, 무슨 생각을 하는지 다 알려고 하고, 심지어 자기하고만 이야기할 것을 요구하는 거예요.

그러나 이런 행동을 계속하다 보면 단짝은 마음속으로 부담을 느끼게 돼요. 여러분에 대해 '말하고 싶지 않은 일을 왜 자꾸 캐묻지?', '왜 이렇게 나를 구속할까?' 하고 생각하지요. 결국 집착하는 행동으로 인해, 단짝과의 사이가 멀어질 수도 있답니다. 질투심에 사로잡혀 단짝에게 함부로 집착하는 행동은 하지 마세요.

재미와 감동으로 몸과 마음을 건강하게 성장시키는
팜파스 어린이 동화

팜파스어린이 01
다문화 친구 민이가 뿔났다
함께해서 더 즐거워지는 다문화 친구 이야기
한화주 지음 | 안경희 그림

"피부색이 달라도 우린 소중한 친구야!"
이제는 익숙해진 다문화 가정 이야기,
다문화 가정 2세가 학교 갈 나이가 되었다!

팜파스어린이 02
누가 내 방 좀 치워 줘!
**집중력과 선택 능력, 실행력을 길러 주는
놀라운 스스로 정리의 힘!**
장보람 지음 | 안경희 그림

"지금 정리해 놓으면
 내일이 더 재미있고 즐거워져!!"
가방 정리부터 시작해 공책, 방, 교실까지!
무궁무진하게 확장되는 정리비법 대 공개!!

팜파스어린이 03
생각도둑, 시간도둑, 친구도둑, 공부도둑
스마트폰이 먹어 치운 하루!
**스마트폰을 슬기롭게 사용하도록
이끌어 주는 생각 동화**
서영선 지음 | 박연옥 그림

"심심하면 톡톡, 지루하면 터치!!
 하루 온종일 스마트폰!!"
이제는 스마트폰 터치 말고
내 옆 친구의 눈을 보고 이야기해 보아요!!

팜파스어린이 04
말과 글에도 주인이 있어요!
**더불어 살고, 존중하는 사회를 만드는
아이로 성장시키는 놀라운 저작권 교육의 힘!**
장보람 지음 | 최해영 그림

"뜻도, 말도 어려운 저작권!
 근데 저작권이 왜 중요해?!"
우리 생활 곳곳에서 일어나는
어마어마한 저작권의 힘!

팜파스어린이 05
우씨! 욱하고 화나는 걸 어떡해!!
**아이의 분노 조절과 자기 관리,
사회성을 길러 주는 놀라운 감정 표현의 힘!**
한현주 지음 | 최해영 그림

"오늘도 나는 불끈 화가 난다!!"
'화'란 껍질 속에 꽁꽁 숨어 있는
너의 진짜 마음을 보자!!

(재미와 감동으로 몸과 마음을 건강하게 성장시키는)
팜파스 어린이 동화

팜파스어린이 06
나 남자 친구 사귀어도 돼?
이해, 존중과 배려를 배우는
어린이 이성 친구 이야기!

한예찬 지음 | 양아연 그림

"두근두근,
 콩닥콩닥 뛰는 이 마음은 뭘까?"
존중과 배려, 자기관리 능력을 일깨워 주는
초등 이성 친구 가이드라인!

팜파스어린이 07
내 보물 1호는 화장품
화장하면 왜 안 돼?
아이답게 예뻐지는 법을 배우는 동화

김경선 지음 | 안경희 그림

"화장하면 금세 예뻐질 수 있는데
 왜 안 된다고 해?"
이성과 외모에 부쩍 관심이 많아지는 사춘기,
화장을 안 해도 예뻐질 수 있어!

팜파스어린이 08
엄마는 정말 내 말을 안 들어줘!
부모님과 갈등으로 힘겨운 어린이들을 위한
소통과 사랑 이야기!

한화주 지음 | 최해영 그림

"엄마랑 말하기 싫어! vs
 엄마 마음도 좀 봐 줄래?"
엄마, 아빠랑 자꾸 싸우게 되는
우리만의 남다른 이유!

팜파스어린이 09
엄마는 언니만 좋아해!
얄미운 언니가 없었으면 좋겠어!
까칠한 자매의 따뜻한 소통 이야기

박현숙 지음 | 최해영 그림

"달라도 너무 다른 자매,
 다르지만 또 닮은 우리!"
눈만 마주치면 싸우는 형제자매에게
꼭 필요한 소통의 이야기

(재미와 감동으로 몸과 마음을 건강하게 성장시키는)
팜파스 어린이 동화

팜파스어린이 10
커플은 힘들어
**연애가 하고 싶은,
연애가 서툰 아이들의 진짜 연애 이야기!**
김경선 지음 | 김주리 그림

"엄마는 모르는
 우리 아이들의 연애 이야기!"
설레고 기분이 좋아지는 이성 교제 이야기

팜파스어린이 11
내 용돈, 다 어디 갔어?
**마른 하늘에 빚장부 벼락!
용돈 관리로 빚쟁이에서 탈출하는 성민이의 이야기**
박현숙 지음 | 최해영 그림

"사고 싶은 거, 먹고 싶은 게 이렇게 많은데!
 용돈 다 어디 갔지?"
용돈 관리로 배우는 뚜렷한 경제 관념!

팜파스어린이 12
날씬해지고 말거야!
**어린이의 튼튼한 자존감과 긍정적 자아상을 위한
다이어트 심리동화**
최형미 지음 | 안경희 그림

"그게 아니? 건강한 지금의 모습이
 정말 예쁘다는 게!"
살 빼고 싶어서 안달난 초등생들의
마음 빈자리를 살펴보고, 튼튼하게 채워 주는
심리동화책

팜파스어린이 13
말과 글이 친구를 아프게 해요
**상대를 배려하는
올바른 언어습관을 알려 주는 생활동화**
박서진 지음 | 김지현 그림

"장난으로 한 말인데 왜 그러세요?
아이들의 잘못된 언어습관을 일깨워 주고,
말과 글의 중요성과 소중함을 알려 주는 동화